Discipulado começa em casa

Um método simples para o ensino claro do Evangelho aos filhos

COLEÇÃO
Vida em família

RICARDO FIRAGI

Vida

Editora Vida
Rua Conde de Sarzedas, 246 — Liberdade
CEP 01512-070 — São Paulo, SP
Tel.: 0 xx 11 2618 7000
atendimento@editoravida.com.br
www.editoravida.com.br
@editora_vida /editoravida

Direção: Renan Menezes
Editora-chefe: Sarah Lucchini
Gestora Vida Kids: Vitoria Reis
Coordenadora de projetos Vida Kids: Daniela Teles
Editora responsável: Bárbara Bie
Assistente editorial: Larissa da Mata
Edição: Solange Mônaco
Revisão gramatical: Paulo Oliveira
Revisão de provas: Thaís P. Gomes
Coordenadora de design gráfico: Claudia Fatel Lino
Projeto gráfico e diagramação: Philipe Santos
Capa: Vanessa S. Marine

DISCIPULADO COMEÇA EM CASA

1. edição: jul. 2025

Dados Internacionais de Catalogação na Publicação (CIP)
(Câmara Brasileira do Livro, SP, Brasil)

Firagi, Ricardo
Discipulado começa em casa : um método simples para o ensino claro do evangelho aos filhos / Ricardo Firagi. -- São Paulo : Editora Vida, 2025. -- (Coleção vida em família)

ISBN 978-65-5584-769-7
e-ISBN 978-65-5584-772-7

1. Discipulado (Cristianismo) 2. Educação cristã de crianças 3. Evangelho - Estudo e ensino 4. Família - Aspectos religiosos - Cristianismo I. Título. II. Série.

25-278361 CDD-248.4

Índice para catálogo sistemático:

1. Discipulado : Formação espiritual : Prática religiosa : Cristianismo 248.4
Eliane de Freitas Leite - Bibliotecária - CRB 8/8415

Sumário

Dedicatória

Dedico este livro à minha esposa, Vanessa, e aos meus filhos, João e Nathan. Vocês são o maior presente que Deus me deu, minha inspiração diária e os primeiros discípulos que o Senhor me confiou.

Aos meus pais, Genarino e Idalina, que escreveram as primeiras páginas da minha história com dedicação e cuidado, mesmo sem imaginar os capítulos que Deus ainda escreveria.

Ao meu pastor, Silvio Luis Alves, exemplo de amor à Palavra de Deus, de zelo no ensino e de compromisso com o discipulado.

E aos meus amigos Caio e Gisele, instrumentos de Deus para meu encontro pessoal com Jesus Cristo.

Agradecimentos

Agradeço, em primeiro lugar, ao Senhor Deus, fonte de toda graça, sabedoria e inspiração. Foi ele quem me chamou, sustentou e tem conduzido minha vida e ministério.

À minha família – esposa, Vanessa, e filhos, João e Nathan – e aos meus familiares que caminham ao meu lado diariamente e oferecem amor, paciência, incentivo e apoio constante ao longo da vida e do ministério. Um agradecimento especial à minha sogra, Vania Clares, cuja trajetória corajosa como escritora me inspira neste trabalho.

À Igreja Batista Capital, minha comunidade local, onde aprendo e vivo, na prática, a beleza do discipulado. Sou grato pelo constante incentivo e pelas orações.

Em especial, aos pastores Aldo Emiliano e Rafael Ali, e suas respectivas famílias, que dividem comigo a responsabilidade de conduzir o rebanho de Deus.

Aos amigos John Deivison e Gabriel Matos, da Reforma Digital, pelo suporte e dedicação em me ajudar a levar o ensino do discipulado para além das paredes da igreja.

À Editora Vida, pela confiança e parceria. Em especial à Vitoria Reis e à Solange Mônaco, pelo trabalho editorial dedicado e cuidadoso que ajudou a dar forma a este livro.

Aos meus seguidores nas redes sociais, que, com suas orações e palavras de incentivo, me encorajam diariamente a prosseguir no ministério.

De maneira especial, quero agradecer também aos alunos da Formação Bíblica Pura e Simples, que têm caminhado comigo com sede pela Palavra e disposição para crescer no Senhor. Vocês são parte viva deste projeto, muito mais do que imaginam.

Por fim, a todos os leitores que, movidos por alguma razão e pela intencionalidade de discipular a sua casa, têm este livro em mãos. Que cada página fortaleça sua fé em Cristo Jesus e na missão que ele nos confiou.

Prefácio

Quando João, meu filho mais velho, tinha por volta de oito anos, algo marcou profundamente minha caminhada como pai e como discípulo de Jesus. Um dia, ao fazer algumas perguntas simples sobre o Evangelho, percebi que ele ainda não conhecia de fato as Boas-Novas de Jesus. Apesar de lermos histórias bíblicas juntos, orarmos antes de dormir, termos uma rotina religiosa ativa e frequentarmos a igreja local e uma escola cristã confessional, ele não havia compreendido quem era Cristo e não havia depositado sua fé nele.

Essa constatação foi um despertar. Embora eu cercasse meus filhos de um ambiente cristão, percebi que faltava intencionalidade na proclamação do Evangelho dentro da minha própria casa. Isso foi o ponto de partida para uma jornada de dedicação ao discipulado dos meus filhos; não apenas por meio de histórias bíblicas, mas sim do ensino claro do Evangelho, incluindo seus benefícios e suas implicações.

Com o tempo, a prática se desenvolveu e me levou a perceber uma necessidade latente em nosso tempo: muitos pais e mães não sabem por onde começar ou como viver, de forma prática e intencional, o discipulado em casa. Tal percepção me conduziu à decisão de escrever este livro para compartilhar o caminho que encontrei, os desafios que enfrentei e as lições que aprendi ao priorizar a formação espiritual dentro de casa.

Este livro tem um objetivo muito claro: despertar nos pais e responsáveis a urgência de assumirem, com intencionalidade, a missão de discipular os filhos. Por meio da exposição do texto bíblico, de experiências e reflexões pessoais, de histórias e metáforas, procuro mostrar que o discipulado começa em casa e deve ter como fundamento a mensagem central do Evangelho, a boa notícia do nosso Pai, centrado em Jesus, e sempre confiando na atuação do Espírito Santo.

Na primeira parte, compartilho o caminho que percorri para entender essa urgência de viver esse chamado. Já na segunda parte, ofereço uma ferramenta prática: um roteiro simples e acessível de perguntas e respostas, fundamentado nas Escrituras, para ajudar os pais a ensinarem aos filhos os fundamentos da fé cristã. Esse conteúdo reúne mais de 400 versículos bíblicos, aborda temas que vão desde os atributos de Deus e a autoridade da Palavra até os eventos finais descritos na Bíblia.

Este material não pretende ser um fim em si mesmo, mas um recurso que ajude a construir, no coração dos filhos, uma base sólida e legítima para que vivam sua fé de forma consciente e firme, não sendo levados por ventos de doutrinas estranhas.

E aqui deixo uma palavra de convocação: esta obra, apesar da sua simplicidade, pode se tornar uma ferramenta poderosa para transformar a vida dos filhos e a vida daqueles que os filhos virão a tocar ao longo da jornada. A semente do Evangelho lançada no discipulado se multiplica de geração em geração, e só teremos plena consciência do fruto da semeadura na eternidade.

Que você, consciente desse chamado, decida arregaçar as mangas e colocar as mãos à obra, para que, ao fim da jornada, ao olhar para seu primeiro ministério – sua casa –, possa dizer com convicção: "combati o bom combate, terminei a corrida, guardei a fé" (2Timóteo 4.7).

Lembre-se sempre: o discipulado começa em casa e começa de forma intencional.

Introdução

"A missão que Jesus nos deixou chama-se discipulado. Não existe plano B."

— Ricardo Firagi

Eu voltava para casa depois de um longo dia de trabalho, e o trânsito estava uma loucura. Os carros avançavam lentamente, e a cidade seguia agitada, com buzinas insistentes e motos frenéticas ao lado - bem característico de um fim de tarde na cidade de São Paulo. Porém, não obstante o cenário caótico do lado de fora, algo curioso acontecia lá dentro, com os vidros fechados. Apesar de toda a barulheira ao meu redor, eu permanecia em profunda paz, com minha mente imersa por completo em outra realidade. Eu meditava em 2Timóteo 2.2: "E as palavras que me ouviu dizer na presença de muitas testemunhas, confie-as a homens fiéis que sejam também capazes de ensinar outros".

Apesar de todo o tumulto daquele trânsito, essas palavras começaram a ecoar em meu interior: "discipulado é liderança". Elas reverberaram em meu coração de uma maneira diferente naquele momento. De repente, senti a presença de Deus de um modo tão real dentro do carro que fui tomado por um quebrantamento e, antes que pudesse perceber, as lágrimas escorreram pelo meu rosto. Era como se Deus estivesse ali, sentado ao meu lado, ministrando ao meu coração e revelando uma verdade que, até então, eu não havia compreendido totalmente.

Esta frase tomou conta de meus pensamentos: "um discípulo é um líder". Ele não é apenas alguém que anuncia a mensagem de Jesus; é alguém que conduz outros por caminho igual. Discipular é influenciar, guiar e inspirar outras pessoas a também seguirem a Cristo. Num instante, meus olhos foram abertos para começar a entender o real significado do discipulado.

Quando Paulo escreveu para Timóteo, além de transmitir conhecimento, entregou sua vida. Era como se Paulo dissesse: "Timóteo, o que você viu e ouviu de mim, assim como eu confiei a você, ao demonstrar em vida e em palavras o que é seguir Jesus, agora você precisa fazer o mesmo. Você precisa ensinar a outros". Paulo modelou sua liderança com palavras e ações ao viver lado a lado com Timóteo e mostrar na prática o que é ser um verdadeiro discípulo de Cristo.

Paulo não enxergava o discipulado como algo restrito a uma única geração. Não se tratava somente de Timóteo, mas também daqueles a quem Timóteo discipularia e daqueles a quem os discípulos ensinados por Timóteo discipulariam, como um ciclo sem fim.

Discipular é como acender uma vela a partir da chama de outra. A chama de uma vela queima outra, que pode acender tantas mais, sem que a primeira vela perca sua luz. Assim, a verdadeira liderança espiritual transmite conhecimento e ainda reproduz vidas transformadas. Discipulado é um processo contínuo, uma multiplicação de vidas que impactam outras vidas, de geração em geração.

No coração do discipulado está o princípio de reprodução espiritual: vida gerando vida. O verdadeiro discipulado só acontece quando aquele que foi discipulado se torna um discipulador. A liderança espiritual autêntica, como Paulo demonstrou, não se limita a uma pessoa ou a uma geração, mas se multiplica e perpetua, sem que a própria luz se apague, como a chama de uma vela que ilumina outras velas.

Naquele instante de quebrantamento, Deus revelou a mim algo claro: discipulado é mais do que passar informações, é viver junto. Como Paulo fez com Timóteo, o discipulado é uma entrega de vida, não só de conhecimento. Esse é o chamado de Jesus para todos os seus discípulos. E ele era claro sobre o tema em João 15.16: "Vocês não me escolheram, mas eu os escolhi para irem e darem fruto, fruto que permaneça, a fim de que o Pai lhes conceda o que pedirem em meu nome". Aqui, Jesus não falou de frutos temporários, mas de algo que perdura, algo que continua a crescer e a dar novos frutos. Da mesma forma, o discipulado não é meramente uma ação em um indivíduo, mas um processo que resulta na transformação de vidas para a eternidade.

Quando Jesus chamou seus primeiros discípulos, ele disse: "Sigam-me, e eu os farei pescadores de homens" (Mateus 4.19). Desde o início, Jesus deixou claro que o discipulado não era apenas uma caminhada pessoal, mas uma missão para trazer homens e mulheres ao Reino de Deus. Era algo que envolvia impacto, influência e mudança no outro.

O chamado de Jesus para sermos seus discípulos é um chamado à liderança no Reino de Deus. Não se trata somente de ser um aprendiz. Um discípulo de Cristo é alguém que sente a responsabilidade de propagar a vida de Jesus adiante. Assim como Paulo ensinou a Timóteo, um discípulo é alguém que sempre reproduz outros discípulos. Essa reprodução espiritual deve ser contínua, para que a mensagem e o ensinamento de Cristo alcancem muitas gerações.

É impossível não perceber essa comissão nas palavras de Jesus em Mateus 28.19-20: "Portanto, vão e façam discípulos de todas as nações, batizando-os em nome do Pai e do Filho e do Espírito Santo, ensinando-os a obedecer a tudo o que eu lhes ordenei". Essas palavras são mais do que uma sugestão: são um chamado, uma ordem direta de Jesus para aqueles que o seguem. Ele nos chama a um compromisso profundo com a transformação de vidas, a ir além de nossa zona de conforto para discipular as nações.

A missão é clara: *fazer discípulos*. Significa pregar o Evangelho a todas as nações, batizar aqueles que creem e ensiná-los a viver conforme os mandamentos de Cristo. Discipulado não é uma etapa no caminho cristão, é a própria jornada, uma responsabilidade que leva o Evangelho a novos corações e transforma essas vidas para que também se tornem fontes de luz e verdade. Não basta levar uma mensagem, precisamos nos dedicar a ver a mensagem enraizar-se e frutificar na vida dos novos discípulos.

Aqui está o entendimento central: não existe plano B. Não há atalhos nem substitutos para o discipulado genuíno. Jesus confiou o Evangelho a homens e mulheres que, ao vivê-lo e ensiná-lo, o imprimem na vida de outros. É por meio de discípulos que fazem novos discípulos que o Reino de Deus cresce. Este é o método de Jesus: o Evangelho encarnado, de vida em vida, até que cada discípulo esteja pronto para formar outros. Essa é a tarefa que nos foi confiada, e ela não oferece alternativas.

Em meio ao trânsito pesado, enquanto as lágrimas corriam, Deus me revelou uma verdade profunda: ser discípulo de Cristo é ser alguém que conduz outros a serem discípulos de Jesus, outros que também farão novos discípulos. É viver de forma que Cristo seja multiplicado na vida de outros.

Paulo entendeu isso. Timóteo entendeu isso. Naquele fim de tarde intenso, pela graça de Deus, eu comecei a entendê-lo também. Discípulo é um líder no Reino de Deus que faz novos discípulos até que o nome de Jesus seja conhecido em todas as nações.

Parte 1

Chamado para o discipulado em casa

Capítulo 1

A casa vem antes das nações

"Se você deseja mudar o mundo, vá para sua casa e ame sua família."

— Madre Teresa

Você já assistiu ao desenho *O Pink e o Cérebro*? Nele, dois ratinhos - um é ingênuo, o outro é um gênio megalomaníaco - têm o objetivo repetitivo e extravagante de conquistar o mundo. Todos os dias, eles traçam planos grandiosos e impossíveis de como dominar o planeta. Claro, eles sempre falham. Embora seja apenas desenho animado, a história desses ratinhos me faz refletir sobre algo real em nossa vida. Muitas vezes, podemos nos comportar como o Cérebro, com grandes planos de alcançar o mundo inteiro, sem perceber que negligenciamos o lugar onde tudo deveria começar: nossa própria casa.

Antes de olharmos para as nações e para o mundo com o desejo de transformar vidas, precisamos, de início, olhar para dentro de nossa própria família. Discipular o mundo começa com discipular os que estão mais próximos de nós – cônjuge e filhos. É sobre isto que quero falar: a casa vem antes das nações.

A Bíblia enfatiza a importância de cuidarmos da nossa casa. Paulo nos lembra, em 1Timóteo 3.5, que um dos pré-requisitos para liderar na igreja é saber governar bem a própria casa, pois "se alguém não sabe governar sua própria família, como poderá cuidar da igreja de Deus?". Aqui, aprendemos que o discipulado começa em casa. Antes de pensar em fazer discípulos no mundo, precisamos garantir que nossos filhos e familiares sejam discipulados e guiados na fé.

Se negligenciarmos o discipulado em nosso lar, poderemos até alcançar muitos em outros lugares, mas ao custo de perdermos aqueles que nos são mais preciosos. A nossa família é nosso primeiro campo missionário.

A Bíblia nos ensina que os filhos são uma herança do Senhor (cf. Salmos 127.3). Discipular nossos filhos é uma das maiores responsabilidades que Deus nos dá. Não se trata simplesmente de educar ou de ensinar princípios morais, mas de transmitir a fé e a verdade de Cristo de maneira profunda e duradoura. Em Deuteronômio 6.6-7, lemos:

> Que todas estas palavras que hoje lhe ordeno estejam em seu coração. Ensine-as com

> persistência a seus filhos. Converse sobre elas quando estiver sentado em casa, quando estiver andando pelo caminho, quando se deitar e quando se levantar.

O texto nos mostra que o discipulado no lar não é uma atividade ocasional. É um processo contínuo, feito ao longo do dia, em conversas informais, mas profundas. Nossos filhos são nossos primeiros discípulos, e o tempo investido neles tem impacto para a vida toda. Ensinar, viver e exemplificar a fé em casa é o fundamento para gerar discípulos fiéis.

Muitos pais cometem o erro de terceirizar a educação espiritual de seus filhos para a igreja ou para a escola confessional, quando, na verdade, a responsabilidade começa em casa. Se não investirmos tempo no discipulado dos nossos filhos, correremos o risco de vê-los se afastar de uma fé verdadeira. Nosso papel como pais é plantar sementes que, com a graça de Deus, crescerão e darão frutos ao longo da vida.

A história do sacerdote Eli, descrita em 1Samuel, é um dos exemplos mais claros na Bíblia sobre as consequências de não discipular os próprios filhos. Eli era o sumo sacerdote de Israel, um líder espiritual respeitado, porém, a despeito de sua posição e conhecimento, ele falhou em guiar os filhos no caminho do Senhor. Seus filhos, Hofni e Fineias, também serviam como sacerdotes, mas suas atitudes eram corrompidas. Eles desrespeitavam as ofertas ao Senhor e viviam de maneira imoral (cf. 1Samuel 2.12-17, 22-25).

A Bíblia diz que Eli sabia dos pecados de seus filhos, mas não tomou as medidas necessárias para corrigi-los ou discipliná-los. Deus enviou um profeta para adverti-lo: "Por que você honra seus filhos mais do que a mim, deixando-os engordar com as melhores partes de todas as ofertas feitas por Israel, o meu povo?" (1Samuel 2.29b). Eli, que tinha a responsabilidade de liderar e corrigir seus filhos, falhou em fazê-lo, e isso trouxe ruína para toda a sua família.

A história de Eli nos ensina que, não importa quão influentes ou espiritualmente dotados sejamos, enfrentaremos graves consequências se negligenciarmos o discipulado dentro de nossa própria casa. Eli honrou mais a seus filhos do que a Deus ao não os corrigir e guiar. Ele permitiu que seus filhos continuassem em pecado, e, como resultado, a sua linhagem foi destruída. É uma advertência para todos nós. Podemos estar ocupados em "fazer" muitas coisas para Deus - servir, ministrar, trabalhar na igreja -, mas se negligenciarmos o discipulado de nossos próprios filhos, corremos o risco de perder o que há de mais precioso. O discipulado dentro de casa requer amor para guiar e coragem para corrigir.

Jesus nos deu a missão de alcançar as nações com o Evangelho. No entanto, o impacto que causamos em nossas famílias é igualmente importante. Se quisermos amar o mundo, devemos começar amando nosso lar. O Evangelho é eficaz e poderoso, mas ele precisa ser vivido dentro de casa antes de ser proclamado ao mundo. Se formos fiéis no discipulado dentro de casa, Deus nos usará para impactar outros em nossa cidade, nosso bairro e até nas nações.

Discipular começa onde estamos, e, aos poucos, Deus amplia nosso alcance, como descrito em Atos 1.8b: "e serão minhas testemunhas em Jerusalém, em toda a Judeia e Samaria, e até os confins da terra".

Nossa Jerusalém – o ponto de partida – é o nosso lar.

Capítulo 2

Herança ou legado?

"A maior herança que alguém pode deixar para seus filhos e netos não é dinheiro ou outras coisas materiais acumuladas durante a vida, mas um legado de caráter e fé."

— Billy Graham

Susanna Wesley viveu na Inglaterra entre os séculos 17 e 18, em uma época de grandes mudanças sociais e religiosas. Mais do que ser a mãe de John e Charles Wesley, ela é lembrada como uma mulher cuja vida gerou um impacto espiritual duradouro. Criou 19 filhos em uma casa marcada por dificuldades financeiras e desafios constantes e dedicou tempo para ensinar-lhes as Escrituras e orar com cada um individualmente. Apesar das adversidades, ela transmitiu princípios e valores de forma consistente, moldou o caráter dos filhos que vieram a impactar o mundo com o Evangelho.

Seus filhos, John e Charles, tornaram-se pioneiros do movimento metodista, levando uma mensagem de avivamento e fé que influenciaria incontáveis gerações. Susanna não deixou uma grande herança material, mas o legado de sua fé e devoção ecoou ao longo dos séculos e chega aos nossos dias.

O legado de Susanna Wesley nos faz refletir sobre a diferença entre herança e legado. A herança são os bens materiais que deixamos – dinheiro, casa, outras propriedades. Já o legado é algo que transcende o tangível: é o impacto espiritual e moral que transmitimos especialmente aos que convivem conosco. O legado não se limita a uma geração. Ele se multiplica e continua a influenciar vidas muito além de nosso tempo.

Percebemos o valor passageiro da herança material na parábola do filho pródigo (cf. Lucas 15.11-32). O filho mais novo, impaciente, pediu ao pai sua parte da herança antes do tempo. Com a herança em mãos, ele rapidamente partiu para uma terra distante e desperdiçou tudo o que possuía em prazeres momentâneos. Em pouco tempo, toda a fortuna que ele recebera havia se esvaído, e o jovem acabou por se encontrar em completa miséria. Essa história nos lembra de que, sem valores e preparo, a herança material pode ser facilmente desperdiçada, pois essa depende das circunstâncias e da sabedoria de quem a recebe.

A herança, embora temporária e sujeita a ser perdida, tem o seu valor. A Bíblia nos ensina a importância de deixá-la para nossos descendentes. Provérbios 13.22 nos diz: "O homem bom deixa herança para os filhos de seus filhos". Bens materiais podem ser recursos importantes aos que vêm depois de nós. No entanto, se essa herança não for acompanhada de valores, de um legado moral e fé, ela se tornará facilmente vulnerável a perecer.

Enquanto a herança pode ser perdida, o legado é algo que permanece no coração e na mente, pois molda a vida. O legado é transmitido por meio de nossa fé, caráter e ensinamentos. Foi exatamente isso que Susanna Wesley construiu com seus filhos, especialmente com John Wesley, que dedicou sua vida a pregar a Palavra e a estabelecer comunidades de fé: percorreu milhares de quilômetros a cavalo para levar o Evangelho a vilarejos, cidades e regiões isoladas da Inglaterra. John Wesley pregou cerca de 40 mil sermões, e seus ensinamentos deram origem ao metodismo, uma tradição que inspira milhões de pessoas ao redor do mundo. A dedicação de Susanna como mãe e sua fidelidade em ensinar as Escrituras geraram frutos que perduram até hoje.

A verdadeira grandeza de um legado é vista em vidas transformadas. Esse tipo de impacto espiritual é exemplificado na vida de Timóteo. Desde jovem, ele fora instruído nas Escrituras por sua mãe, Eunice, e sua avó, Loide. Em 2Timóteo 1.5, Paulo menciona "sua fé não fingida" que habitava tanto na avó quanto na mãe de Timóteo e que passou a habitar nele também. Ao investir em Timóteo, Eunice e Loide plantaram sementes de fé que cresceram e produziram frutos. Essa instrução formou a base do caráter de Timóteo e o capacitou a se tornar um líder na igreja primitiva ao lado de Paulo. Além de elas deixarem uma herança de valores morais, construíram um legado espiritual duradouro.

No discipulado, encontramos o verdadeiro caminho para estabelecer um legado. Discipular é entregar vida e investir tempo, atenção e amor em outra pessoa para ajudá-la a crescer e se aproximar de Cristo. Jesus nos deixou o exemplo quando escolheu 12 discípulos e investiu neles durante três anos. Ele não estava construindo uma herança material, mas formando homens que influenciariam o mundo inteiro. Ele sabia que o valor de um legado é infinitamente maior do que uma herança, porque o legado se multiplica e transforma vidas de geração em geração.

Jesus disse em João 15.8: "Meu Pai é glorificado pelo fato de vocês darem muito fruto; e assim serão meus discípulos". A essência do legado de Jesus era a instrução e o exemplo de vida. Por meio do discipulado, ele deixou um legado vivo ao transmitir aos discípulos o amor e a missão de Deus, que continuam a transformar vidas. Essa é a marca de um verdadeiro legado: ele permanece. Os bens materiais ficam para trás, mas as lições de fé, caráter e compromisso com Deus passam adiante.

O legado é construído no dia a dia por meio das palavras e do exemplo de vida. Isso se reflete na maneira como nos relacionamos com os que estão ao nosso redor, especialmente filhos e familiares. A herança é deixada, mas o legado é modelado de forma intencional. A herança que realmente agrada a Deus é uma vida piedosa e uma fé sincera transmitidas às próximas gerações. Essa é a essência de Provérbios 22.6: "Instrua a criança segundo os objetivos que você tem para ela, e mesmo com o passar dos anos não se desviará dele".

Enquanto a herança pode proporcionar uma base financeira, o legado espiritual molda e transforma vidas. O legado forma caráter, promove valores e orienta decisões ao longo da vida. Susanna Wesley deixou uma marca na vida dos filhos, uma marca que nunca poderia ser apagada. Seus ensinamentos e seu exemplo foram como sementes plantadas no coração de John e Charles, que germinaram e deram frutos duradouros.

Jesus nos chama para algo que vai além do que é temporário. Ele quer que deixemos uma marca de eternidade na vida de nossos filhos e das próximas gerações. Não vemos unicamente a geração presente; devemos nos lembrar de que, por meio de nossos filhos, há potencial para impactar nações inteiras. Povos e gerações futuras podem ser transformados pelo legado de fé que começamos a construir hoje.

Que possamos escolher construir um legado que glorifique a Deus e abençoe a muitos, não apenas hoje, mas também por toda a eternidade.

Capítulo 3

Pais proprietários ou pais mordomos?

"Pais não possuem seus filhos; eles são mordomos temporários de almas preciosas confiadas a eles por Deus."

— James Dobson

A missão de ser pais é uma das mais desafiadoras e gratificantes que Deus confiou ao homem. Há dias em que tudo parece desmoronar: a casa está uma bagunça, as crianças brigam e o trabalho parece não ter fim. Se você já passou por isso, não está sozinho. Ser pai ou mãe em um mundo cheio de distrações e pressões pode ser exaustivo. No entanto, no meio da rotina caótica, Deus nos lembra de que essa nobre função não é mera tarefa prática, mas um chamado sagrado.

Ao pensarmos no encargo que temos como pais, podemos nos perder em uma infinidade de responsabilidades e atividades diárias. Porém, o que a Bíblia nos ensina é que, acima de tudo, somos chamados a discipular nossos filhos.

O dever não é somente cuidar de suas necessidades físicas, mas também guiá-los em direção a Cristo. Logo, é mais do que ensinar boas maneiras ou garantir um bom futuro profissional para os filhos. A parentalidade é, em essência, transmitir a fé e moldar o caráter dos filhos à imagem de Cristo.

Quando se trata do papel dos pais, podemos agir de duas formas: como proprietários ou como mordomos. Por um lado, os pais proprietários veem em seus filhos uma extensão de si mesmos. Eles sentem que o sucesso dos filhos é o reflexo direto do sucesso deles como pais. Se os filhos falham, eles reagem com frustração e, muitas vezes, se culpam. Ao impor suas expectativas, acabam por sobrecarregar as crianças com um fardo difícil de suportar.

Por outro lado, os pais mordomos reconhecem que seus filhos pertencem a Deus e que são cuidadores temporários de um tesouro eterno. Lucas 12.42-44 descreve o mordomo fiel como alguém a quem foi confiada a tarefa de cuidar dos bens de seu Senhor com sabedoria e fidelidade. Esse mordomo sabe que prestará contas ao dono da casa. Da mesma forma, pais mordomos entendem que seus filhos são um presente divino e que sua missão é guiá-los para descobrirem e viverem o propósito que Deus tem para eles. Sabem que cada decisão, cada ensinamento e cada exemplo deixará um impacto duradouro na vida dos filhos. A parentalidade não é sobre alcançar realizações pessoais por meio dos filhos, mas sobre ajudá-los a florescer no plano de Deus e saber que, um dia, os filhos seguirão as próprias jornadas de fé e liderança.

Ao reconhecer essa diferença, começamos a ver nossos filhos não como troféus, mas como seres preciosos que Deus nos confiou. Nossa obrigação como pais mordomos é ajudá-los a encontrar seu valor em Cristo e guiá-los para que desenvolvam uma identidade fundamentada na fé, e não em expectativas terrenas.

Em Salmos 78.5-7, vemos que Deus estabeleceu um mandamento aos pais: que ensinassem seus filhos para que também a próxima geração o conhecesse, confiasse nele e não esquecesse dos seus feitos. Isso revela que, como pais, somos os principais responsáveis por transmitir às próximas gerações a fé, a Palavra de Deus e a lembrança de suas obras. A igreja e a escola são importantes, mas o discipulado genuíno e contínuo deve começar em casa.

Não podemos delegar tal responsabilidade a outras instituições. Por mais que a igreja possa apoiar e equipar nossos filhos, o papel principal do ensino espiritual pertence a nós. Se negligenciamos essa atribuição, deixamos os filhos vulneráveis a um mundo que tenta distorcer a verdade e afastá-los de Deus. Ensinar os filhos a conhecer e amar a Deus é a tarefa mais importante que temos como pais.

Essa missão vai além de recitar versículos ou frequentar a igreja aos domingos. Ela requer que vivamos a fé de maneira autêntica diante de nossos filhos, mostrando-lhes o que significa seguir a Cristo por meio de nossa vida. É na convivência diária, nos momentos de alegria e desafio, que os filhos aprenderão a confiar em Deus e a caminhar com ele.

No livro de Juízes, vemos um dos momentos mais tristes da história de Israel: uma geração inteira que não conhecia a Deus nem suas obras. Em Juízes 2.10, lemos: "Depois que toda aquela geração foi reunida a seus antepassados, surgiu uma nova geração que não conhecia o SENHOR e o que ele havia feito por Israel".

A falha em transmitir a fé à geração seguinte resultou em um ciclo de idolatria, pecado e sofrimento. O povo de Israel repetidamente se afastava de Deus, adorava ídolos e sofria as consequências da desobediência. Isso nos ensina uma lição crucial: se não ensinarmos nossos filhos sobre Deus, se não passarmos adiante as verdades da fé, correremos o risco de criar uma geração que desconhece o Senhor e se volta contra ele.

O erro no período dos juízes serve como advertência para nós, porque o povo não manteve viva a memória das obras poderosas de Deus. A falta de ensino e discipulado dentro dos lares levou Israel a se desviar, e cada geração se afastou mais do Senhor. O mesmo pode acontecer em nossa família se não levarmos a sério nosso papel de discipuladores. Podemos estar envolvidos em ministérios e atividades na igreja local, mas se falharmos em transmitir a fé aos filhos, poderemos ver a própria casa distante de Deus.

A missão dos pais envolve mais do que prover sustento material, inclui guiar os filhos a fim de conhecerem e viverem para o Senhor. Não se trata de impor regras ou corrigir falhas. Ela é uma oportunidade para apresentar a graça de Deus de maneira tangível. Quando os filhos cometem erros ou enfrentam desafios, temos a oportunidade de mostrar-lhes a misericórdia e o amor de Deus. Como o Senhor nos corrige em amor, devemos fazer o mesmo com os nossos filhos.

Conforme já dissemos, os pais proprietários, muitas vezes, veem as falhas dos filhos como reflexos das próprias falhas, por isso reagem com ira ou frustração. Já os pais mordomos reconhecem que o erro faz parte do processo de crescimento e deve ser usado como circunstância de ensino sobre a graça e o perdão. Nossa tarefa é levar os filhos a compreenderem que Deus não é apenas um juiz severo, mas também um Pai amoroso que os acolhe com misericórdia.

Efésios 4.32 nos exorta: "Sejam bondosos e compassivos uns para com os outros, perdoando-se mutuamente, assim como Deus os perdoou em Cristo". Essa deve ser a marca da parentalidade cristã – que aponta para a graça redentora de Deus em cada situação e ajuda os filhos a ver que, não obstante suas falhas, eles são profundamente amados pelo Pai celestial.

O chamado à parentalidade é um chamado santo. Deus confiou a nós a missão de guiar, proteger e discipular os filhos, a fim de que eles conheçam e sigam a Cristo. Não podemos tomar tal responsabilidade de forma leviana. Somos mordomos de Deus, encarregados de criá-los com sabedoria e amor.

Nosso maior legado como pais não será encontrado em conquistas terrenas, mas em sabermos que transmitimos a fé em Cristo para a próxima geração. Que sejamos fiéis nessa missão e lembremo-nos de que Deus é o verdadeiro Pai, e nós somos instrumentos de sua graça na vida dos filhos.

Capítulo 4

Pastores do coração

"O propósito principal de Deus é moldar-nos à semelhança de Cristo. Isso começa no coração e se manifesta em toda a nossa vida."

— Dallas Willard

O coração, tanto no sentido literal quanto no espiritual, é o centro da vida humana. No entanto, quando a Bíblia fala de coração, na maioria das vezes, não está se referindo ao órgão que bombeia o sangue pelo corpo, mas ao coração como o centro de todos os nossos pensamentos, emoções e decisões; refere-se ao ser interior. Em Provérbios 4.23, somos instruídos a guardar o coração, pois dele procedem as fontes da vida. Como o órgão físico é essencial para a sobrevivência do corpo, o coração espiritual é vital para a caminhada com Deus. É nele que residem os desejos, prioridades e decisões mais profundos.

Durante seu ministério, Jesus enfatizou o valor do caráter. Ele sabia que as ações externas são meramente um reflexo das motivações internas. Em Mateus 6.21, ele afirmou: "Onde estiver o seu tesouro, aí também estará o seu coração". O que valorizamos define quem somos e como vivemos. Portanto, discipular os filhos é tocar nas questões mais profundas do caráter, além de ensinar-lhes boas práticas ou corrigir comportamentos.

Muitas vezes, preocupamo-nos excessivamente com a conduta dos filhos – atitudes, palavras e escolhas. No entanto, Jesus mostrou repetidamente que o coração é o verdadeiro motor de todas as ações. No Sermão do Monte, ele confrontou os líderes religiosos que davam grande importância às aparências, enquanto o interior estava longe de Deus (cf. Mateus 23.27). Jesus os chamou de "sepulcros caiados", belos por fora, mas cheios de morte por dentro. A advertência nos lembra de que corrigir as atitudes sem tratar o coração é como limpar as bordas de um copo enquanto a parte interna permanece suja.

O discipulado começa com a transformação do caráter. Podemos tentar assegurar bom comportamento dos filhos, como alguém que ata maçãs em uma árvore morta. No entanto, sem galhos saudáveis, os frutos não durarão. Em Lucas 6.45, Jesus ensinou: "O homem bom tira coisas boas do bom tesouro que está em seu coração, e o homem mau tira coisas más do mal que está em seu coração, porque a sua boca fala do que está cheio o coração". O verdadeiro discipulado é um trabalho de raízes, não de aparência.

A transformação de dentro para fora é evidenciada ao longo das Escrituras. Quando o rei Davi cometeu pecado, ele clamou a Deus: "Cria em mim um coração puro, ó Deus, e renova dentro de mim um espírito estável" (Salmos 51.10). Ele reconheceu que, sem a renovação do caráter, ele não poderia caminhar em obediência a Deus. Da mesma forma, nossos filhos precisam de um coração transformado para viver de acordo com os preceitos divinos.

No entanto, não podemos negligenciar o fato de que somos os primeiros modelos de discipulado para os filhos. Eles aprendem mais com o que vivemos do que com o que falamos. Se nosso interior estiver distante de Deus, nossas palavras não terão o impacto desejado. Como pais, somos chamados a pastorear o coração dos filhos e guiá-los com amor, paciência e fidelidade à Palavra de Deus.

O relato bíblico sobre Manassés e Ezequias traz um alerta sobre a influência espiritual no lar. Embora Ezequias tenha sido um rei que buscou ao Senhor e promoveu a restauração da adoração em Judá, seu filho Manassés trilhou um caminho oposto e tornou-se um dos reis mais perversos da história da nação. Em 2Crônicas 33.9, lemos: "Manassés, porém, desencaminhou Judá e o povo de Jerusalém, ao ponto de fazerem pior do que as nações que o SENHOR havia destruído diante dos israelitas". Essa tragédia nos lembra da importância de vivermos uma fé autêntica e transmiti-la com diligência à próxima geração, para que não se afaste de Deus.

Quando a Palavra de Deus fala sobre a criação dos filhos, ela não aponta para uma imposição de regras ou sermões intermináveis, mas para o chamado de caminhar ao lado deles e demonstrar-lhes o que significa viver para Deus. Gálatas 6.1 nos exorta a restaurar com mansidão aqueles que erram, incluindo nossos filhos. O momento em que eles cometem erros é uma oportunidade para demonstrarmos o amor e a graça de Deus e redirecioná-los para o caminho certo.

A batalha espiritual é travada no caráter. Os filhos enfrentarão inúmeras influências que tentarão desviá-los de Deus. Como pastores de seu coração, nossa obrigação é ajudá-los a enxergar a beleza do Evangelho e mostrar-lhes que a verdadeira vida é a encontrada em Cristo. Em Ezequiel 36.26a, Deus promete: "Darei a vocês um coração novo e porei um espírito novo em vocês". Nossa oração deve ser para que os filhos experimentem tal renovação.

Corrigir atitudes sem tratar o coração é superficial e ineficaz. Em vez disso, devemos abordar as motivações e os desejos que levam às ações. Jesus, nosso maior exemplo de discipulado, sempre olhava para o interior das pessoas. Ele corrigia com graça e verdade, trazia cura e transformação onde era necessário. Como pais, somos chamados a imitar seu exemplo e cuidar do coração dos filhos com o mesmo tipo de amor e paciência.

A parentalidade cristã é um chamado santo e desafiador. Em Colossenses 3.21, somos advertidos em relação à maneira como lidamos com o coração dos filhos: "Pais, não irritem seus filhos, para que eles não desanimem". O cuidado pastoral com o interior dos filhos exige sensibilidade e graça, para que eles não se sintam desencorajados em sua caminhada de fé. Não se trata de criar filhos perfeitos, mas de pastorear seu coração para que conheçam e sigam a Cristo.

Que sempre nos lembremos de que o mesmo Deus que nos confiou essa missão sagrada também nos capacitará a cumpri-la. No fim, o maior legado que deixaremos não será encontrado em conquistas terrenas, mas em uma geração que conhece e serve ao Senhor de todo o coração.

Capítulo 5

Instrução verbal ou estilo de vida?

"A palavra convence,
mas o exemplo arrasta."

— Autor desconhecido

Imagine um pai que, todos os dias, antes de sair para o trabalho, diz ao filho para não se preocupar, não viver ansioso e confiar em Deus. Ele repete isso em vários momentos do dia, quase como um "mantra" familiar. No entanto, durante a noite, esse pai é visto andando de um lado para o outro, inquieto, verificando constantemente o telefone e discutindo com a mãe sobre contas e problemas do dia a dia. A instrução verbal do pai é clara: "Confie em Deus". Porém, na prática, seu comportamento ensina outra coisa: "Preocupe-se, pois há muito com o que se preocupar". Qual lição você acha que o filho realmente aprende?

Esse exemplo nos lembra da diferença entre ensinar com palavras e ensinar com a vida. A Bíblia mostra que a verdadeira instrução é formada pela combinação entre o ensino verbal e o exemplo de vida. Pais que desejam transmitir a fé de forma eficaz precisam viver a verdade que desejam ensinar. Paulo escreveu: "Tornem-se meus imitadores, como eu o sou de Cristo" (1Coríntios 11.1). Ele entendia que o exemplo pessoal era essencial para o discipulado. Mais do que palavras, Paulo oferecia sua vida como um modelo para outros seguirem.

Em Deuteronômio 6.4-9, Deus nos dá um modelo claro de como devemos ensinar os filhos. Ele instrui a falar sobre seus mandamentos "quando estiver sentado em casa, quando estiver andando pelo caminho, quando se deitar e quando se levantar". O ensino não era reservado apenas para momentos específicos. Deus estabeleceu que a instrução não deveria ser algo distante do cotidiano, mas parte dele.

Esses versículos revelam que a instrução no lar é sobre vivenciar os valores do Reino de Deus. A mensagem é clara: o discipulado dos filhos deve ser constante e intencional. Os filhos precisam enxergar em nós aquilo que ensinamos. Cada momento do dia, cada interação e cada conversa é uma oportunidade de discipulado. Os filhos nos observam, absorvem e aprendem com o que fazemos, e não só com o que dizemos.

Noé é um excelente exemplo de alguém que viveu aquilo em que acreditava. Quando Deus o chamou para construir a arca, ele obedeceu, a despeito de a tarefa parecer absurda aos olhos humanos. Sua fé não era teórica, mas prática, visível e inabalável. A construção da arca não era um projeto individual de Noé; era um testemunho para sua família e as gerações futuras. Mais do que ouvirem sobre a fé de Noé, seus filhos a viram em ação todos os dias.

Imagine a cena: mês após mês, ano após ano, Noé e os filhos trabalharam juntos na construção da arca. Eles não ergueram somente uma estrutura de madeira; eles estabeleceram um legado de fé. Os filhos de Noé puderam ver a obediência do pai, apesar da zombaria e do descrédito da sociedade ao redor. O exemplo de Noé teve um impacto profundo sobre eles, porque demonstrou que a fé genuína é a vivida.

A perseverança de Noé é um exemplo poderoso do impacto transformador de uma vida que é vivida pela fé no seu cotidiano. A obediência e a perseverança de Noé ensinaram seus filhos sobre a fidelidade de Deus de uma forma que palavras jamais poderiam expressar. Quando a arca ficou pronta, e as águas subiram, a fé de Noé foi justificada, e seus filhos viram o poder de Deus por meio da obediência de seu pai.

O apóstolo Paulo entendia sobre o poder do exemplo. Ele ensinou com palavras e viveu o que pregava. Em Filipenses 4.9, lemos esta instrução: "Ponham em prática tudo o que vocês aprenderam, receberam, ouviram e viram em mim".

Paulo sabia que suas ações falavam mais alto do que suas palavras. Ele ensinou com seu estilo de vida, mostrou aos seguidores o que significava seguir a Cristo em cada área da vida.

Ao vivermos de acordo com a Palavra de Deus, mostramos aos filhos as maneiras de confiar, perdoar, ser generoso e amar. Como Paulo, somos chamados a dizer: "Sigam meu exemplo enquanto sigo o exemplo de Cristo". Nossa vida é uma carta aberta que os filhos leem em detalhes.

A instrução verbal tem seu valor. É essencial que os pais falem da Palavra de Deus, expliquem e ensinem com clareza. No entanto, o ensino verbal sem o exemplo de vida corre o risco de ser vazio e ineficaz. Jesus nos advertiu sobre a hipocrisia em Mateus 23.3, dizendo: "Obedeçam-lhes e façam tudo o que eles lhes dizem. Mas não façam o que eles fazem, pois não praticam o que pregam".

A verdadeira transformação ocorre quando os filhos veem a verdade do Evangelho encarnada em nossas ações. Se eles ouvirem sobre amor, mas não virem amor em nós, eles aprenderão que o amor é uma palavra vazia. Se falarmos sobre a importância de servir, mas nunca praticarmos o serviço aos outros, eles entenderão que o serviço é mero teatro. No entanto, se nos virem viver esses valores de maneira genuína, eles experimentarão o poder da fé em ação.

Em Efésios 6.4, Paulo nos exorta a criar os filhos "segundo a instrução e o conselho do Senhor". Em 1João 3.18b, somos desafiados a não amar apenas com palavras, "mas em ação e em verdade". Esses versículos nos chamam a ensinar com palavras e orientar os filhos no caminho do Senhor com paciência e mansidão. Os desafios para cada um de nós são estes: vivemos o que ensinamos? Nossos filhos veem em nós um reflexo do caráter de Cristo? Em cada momento, em cada decisão, mostramos a eles o que significa ser um seguidor de Jesus? Que nossa instrução seja verdadeira em palavras e ações.

Os filhos são os discípulos mais próximos que Deus nos confiou. Eles nos observam atentamente e aprendem a seguir a Cristo por meio de nossa vida. Como pais, somos chamados a ser os pastores do coração deles, mostrar-lhes a graça, o amor e a verdade do Evangelho em tudo o que fazemos. Lembremo-nos das palavras de 1Pedro 5.2-3:

> Pastoreiem o rebanho de Deus que está aos seus cuidados. Olhem por ele, não por obrigação, mas de livre vontade, como Deus quer. Não façam isso por ganância, mas com o desejo de servir. Não ajam como dominadores dos que lhes foram confiados, mas como exemplos para o rebanho.

Que o Senhor nos ensine, por meio da vida de Noé, a perseverar em obediência, mesmo quando for difícil, para que nossos filhos vejam em nós o reflexo da fidelidade de Deus. A instrução verbal é importante, mas é o exemplo de uma vida comprometida com Cristo que realmente transforma o coração dos nossos filhos.

Capítulo 6

Necessidades dos filhos

"Os filhos não são vasos a serem enchidos, mas lâmpadas a serem acesas."

— Richard Baxter

Imagine que você está prestes a construir uma casa. Você tem os materiais, as ferramentas e um plano detalhado, mas sabe que o sucesso da obra depende da qualidade de cada elemento. A fundação precisa ser firme, as paredes bem erguidas, e o teto sólido para proteger a casa contra as intempéries. Da mesma forma, criar e educar filhos é um processo de construção. Precisamos de "materiais" essenciais para fornecer uma base segura e ajudar os filhos a crescer de forma saudável e equilibrada. Três elementos se destacam como os alicerces da construção de um filho: segurança, aceitação e ordem. Esses pilares são boas práticas de criação e refletem o plano que Deus tem para nossa vida como filhos dele.

Para uma criança, a segurança não é unicamente a ausência de perigo físico. A segurança, em um sentido mais profundo, significa saber que é amada incondicionalmente e que os pais estão presentes em sua vida, independentemente das circunstâncias. Esse tipo de segurança é formado em um ambiente de estabilidade e constância, em que a criança sente que pode confiar nos pais e, por meio deles, desenvolver uma base firme em Deus.

A Bíblia ensina que é essencial prover segurança emocional para os filhos. Em Deuteronômio 31.6b, encontramos a promessa: "O SENHOR, o seu Deus, vai com vocês; nunca os deixará, nunca os abandonará". Como Deus oferece a certeza de sua presença constante, nós, como pais, devemos espelhar a mesma presença na vida dos filhos. A segurança emocional permite que as crianças se sintam amadas e apoiadas e lhes dá a confiança para explorar o mundo e enfrentar desafios.

Sem essa segurança, a criança pode crescer com sentimentos de ansiedade e incerteza e buscar fora de casa a aceitação que deveria encontrar entre aqueles que a amam. Criar um ambiente seguro significa oferecer apoio nos momentos difíceis, manter uma rotina que dê estabilidade e, acima de tudo, demonstrar um amor que é imutável, como o amor de Deus por nós.

Aceitar os filhos como são – características únicas, talentos, dificuldades e traços de personalidade – é fundamental para desenvolver neles uma autoestima saudável e um senso de valor. A aceitação não significa concordar com tudo o que a criança faz, mas amá-la incondicionalmente, de modo independente de seus erros. Em Romanos 15.7, somos exortados: "Portanto, aceitem-se uns aos outros, da mesma forma que Cristo os aceitou, a fim de que vocês glorifiquem a Deus". Assim, devemos aceitar os filhos, refletindo o amor incondicional de Deus. Para uma criança, sentir-se aceita permite-lhe ser autêntica e honesta sobre seus sentimentos e experiências. Caso os pais rejeitem ou critiquem constantemente a criança, ela pode desenvolver sentimentos de inadequação ou revolta.

A aceitação se materializa quando nós a escutamos, valorizamos seus interesses e celebramos suas conquistas, sejam elas pequenas ou grandes. Devemos ter cuidado para não comparar nossos filhos com outras crianças ou adolescentes, pois cada um é único, criado por Deus com um propósito específico. A aceitação incondicional ajuda a criança a desenvolver uma identidade segura e sólida e a saber que seu valor não está em sucessos ou falhas, mas em quem ela é.

A ordem, ou disciplina, é uma das áreas mais sensíveis e desafiadoras na criação de filhos, pois em geral é confundida com punição. No entanto, a ordem verdadeira é um ato de amor que visa orientar e moldar o caráter da criança.

A correção é apenas um rumo firme e amoroso que mostra à criança o caminho a seguir.

Trata-se de uma expressão do cuidado dos pais, pois prepara a criança para enfrentar o mundo com responsabilidade e autocontrole. Estabelecer limites claros e ser consistente nas correções revela amor e sabedoria. Provérbios 29.17 nos ensina: "Discipline seu filho, e este lhe dará paz; trará grande prazer à sua alma". Isso nos lembra de que a correção feita com equilíbrio gera frutos de paz e alegria, tanto para os filhos quanto para os pais.

A ordem não é um ato de raiva, mas de cuidado. Quando a disciplina é aplicada com paciência e graça, ela ensina à criança que suas ações têm consequências e a ajuda a desenvolver uma consciência moral alinhada aos princípios de Deus. Hebreus 12.11 nos lembra: "Nenhuma disciplina parece ser motivo de alegria no momento, mas sim de tristeza. Mais tarde, porém, produz fruto de justiça e paz para aqueles que por ela foram exercitados".

Segurança, aceitação e disciplina são mais do que práticas de criação, são expressões vivas do caráter de Deus no lar. Juntas, preparam o terreno do caráter dos filhos, pois revelam Cristo por meio do exemplo e do amor dos pais. Quando os filhos experimentam segurança, sentem-se aceitos e compreendem os limites por meio da ordenação amorosa, e o coração deles se torna receptivo para a semente do Evangelho. Assim, a Palavra de Deus encontra solo fértil no qual pode germinar, crescer e dar frutos para a glória divina.

Nossa missão, como pais, é criar discípulos de Cristo, seres humanos que revelem a imagem de Jesus. Que o Espírito Santo nos guie na jornada de formar lares que reflitam o caráter de Deus, para que nossos filhos vejam em nós um vislumbre do amor e da graça de Cristo. Afinal, é na preparação do terreno que o Evangelho floresce e a glória de Deus é revelada.

CAPÍTULO 7

Discipulado em casa

"O lar é o primeiro e o mais importante lugar em que a verdadeira obra de Deus é feita."

— Elisabeth Elliot

O lar, mais do que qualquer outro lugar, é o terreno fértil em que discípulos de Jesus podem ser formados. É nesse ambiente que as sementes do Evangelho são plantadas, regadas e cuidadas, para produzir frutos que glorificam a Deus por gerações. No entanto, para que isso aconteça, o discipulado no lar precisa ser intencional e carregar a dependência de Deus.

Deus nos chamou para discipular os filhos e fazer do lar um lugar em que sua glória seja conhecida e exaltada. Não há plano B. Precisamos ensinar às próximas gerações sobre o amor, a santidade e o poder de Deus. O chamado não pode ser delegado inteiramente à igreja local ou à escola; ele começa em casa, com pais que vivem para a glória de Deus.

Desde o princípio, a família foi pensada por Deus como um espaço de formação espiritual. É ali que os filhos observam, ouvem, absorvem e são moldados, não apenas por palavras, mas pelo testemunho vivo dos pais. O discipulado no lar não é uma atividade extra na rotina familiar; ele é o coração da vida cristã no cotidiano.

A Palavra de Deus é o fundamento sobre o qual edificamos a vida dos filhos. Sem essa base, tudo o que tentamos construir corre o risco de desmoronar. O discipulado no lar não é mera questão de momentos formais de ensino, mas de uma vida fundamentada na verdade bíblica. Ela deve ser ensinada com constância e propósito, entrelaçada nos diálogos, nas decisões e nas orações do dia a dia.

O lar é o centro do discipulado, mas é a comunhão com Deus que nutre e dá vida ao processo. A comunhão depende de nossa vida de oração, louvor e devoção. Como pais, precisamos cultivar os hábitos espirituais em nossa própria vida para que os filhos vejam, aprendam e experimentem a presença de Deus.

Paulo escreve em Filipenses 4.9: "Ponham em prática tudo o que vocês aprenderam, receberam, ouviram e viram em mim. E o Deus da paz estará com vocês". Essa é uma lembrança poderosa de que nossas ações e práticas espirituais falam tão alto quanto as palavras. Discipular os filhos é mais do que transmitir conhecimento; é demonstrar uma fé viva e real.

Jesus nos deixou um exemplo claro de como discipular. Ele caminhou com seus discípulos, ensinou-lhes a Palavra de Deus e mostrou, por meio de sua vida, o que significa glorificar o Pai. Como Jesus, precisamos estar presentes na vida dos filhos, sendo testemunhas vivas do amor e da graça de Deus.

Discipular no lar é transmitir aos filhos uma visão clara da glória de Deus. Salmos 145.4 nos exorta: "Uma geração contará à outra a grandiosidade dos teus feitos; eles anunciarão os teus atos poderosos". O chamado é para assegurar que os filhos conheçam as obras de Deus e desenvolvam um relacionamento íntimo com ele. Isso exige intencionalidade, constância e dependência de Deus. Precisamos cultivar momentos de devoção familiar, em que lemos a Palavra, oramos juntos e celebramos as maravilhas que Deus tem feito.

Ensinar sobre o poder, a santidade e o amor de Deus prepara o coração dos filhos para compreenderem a profundidade do Evangelho. Salmos 147.5 declara: "Grande é o nosso Soberano e tremendo é o seu poder; é impossível medir o seu entendimento".

Quando ensinamos sobre a santidade de Deus, como em Isaías 6.3: "Santo, santo, santo é o SENHOR dos Exércitos, a terra inteira está cheia da sua glória", ajudamos os filhos a ver a grandeza e a pureza de Deus. E ao falarmos do amor de Deus, como em João 3.16, mostramos que ele deseja um relacionamento íntimo com eles.

Agora, é bem verdade que muitos pais se sentem sobrecarregados com a responsabilidade de discipular. Alguns se veem marcados por falhas do passado, por períodos de negligência ou por não saberem exatamente como começar. Eu já me senti assim, mas a graça de Deus é poderosa para nos transformar. O discipulado no lar não nasce da perfeição dos pais, mas da graça de Deus que age por meio de corações disponíveis e dispostos. A mesma graça que nos perdoa também nos capacita.

O Evangelho não exige que sejamos pais impecáveis, mas nos convida a confiar que Deus usa gente comum, como eu e você, para realizar coisas extraordinárias no lar. A graça nos alcança quando falhamos e nos levanta com novo ânimo para ensinar, corrigir e amar. É essa graça que transforma o lar em uma pequena escola de fé, onde pais imperfeitos apontam para o perfeito Salvador.

O discipulado no lar não é opcional. Se nós não discipularmos os filhos, outros o farão – a cultura, as mídias sociais, as ideologias do mundo. Precisamos ser intencionais em ensinar a Palavra e modelar uma vida que glorifique a Deus.

O lar é o lugar ideal para gerar discípulos de Jesus. Ao discipularmos os filhos com intencionalidade e dependência do

Senhor, mostramos a eles uma visão clara da glória de Deus e cumprimos o chamado de Deus para nossa vida e para nossa família.

Pais, vamos viver para a glória de Deus e transmitir às próximas gerações a fé que transforma vidas e forma discípulos de Jesus. Que tenhamos coragem de declarar: "Eu e a minha casa serviremos ao Senhor" (Josué 24.15). E que o discipulado seja, com graça e intenção, a prioridade no nosso lar.

Parte 2

Estudos bíblicos para o discipulado em casa

Como usar a Parte 2?

A Parte 2 foi criada para ser uma ferramenta prática e poderosa no discipulado do lar. Os próximos 21 capítulos oferecem perguntas e respostas baseadas na Bíblia, que reúnem mais de 400 versículos, a fim de serem usadas pelos pais para ensinar seus filhos sobre as verdades fundamentais da fé cristã.

Esse método de perguntas e respostas não é uma invenção minha. Ele é conhecido historicamente como *catecismo*, uma prática cristã com raízes antigas, usada desde os primeiros séculos da Igreja para ensinar os fundamentos da fé de forma simples, clara e memorável.

Ao longo da História, muitos pais e pastores usaram o catecismo para formar o coração e a mente das novas gerações. Eu mesmo uso esse formato diariamente nos devocionais com meus filhos e tenho visto como ele facilita o aprendizado e aprofunda o entendimento da Palavra de Deus no contexto do lar.

Esta parte apresenta práticas e dicas para você aplicar o ensino dos próximos capítulos na sua casa e desenvolver a disciplina da instrução verbal da Palavra de Deus no seu lar. Então, vamos lá!

Tenha um caderno separado. Antes de começar, providencie um caderno exclusivo para os estudos bíblicos. Ele será um espaço para registrar perguntas, respostas, versículos e reflexões. Usar um caderno ajuda a organizar o aprendizado e permite que os registros sejam revisitados e usados em futuros momentos de discipulado.

Leia a pergunta e depois copie-a no caderno. Comece cada sessão escolhendo uma pergunta do capítulo que será estudado. Copie a pergunta no caderno, pois isso ajuda a fixar o foco no tema do estudo e incentiva uma postura ativa de engajamento. Escrever a pergunta no caderno ajuda a personalizar o estudo e torná-lo mais significativo.

Leia o versículo na Bíblia em papel e responda à pergunta. Abra sua Bíblia impressa e leia o versículo indicado. É importante que o versículo seja lido diretamente na Bíblia em papel, pois isso ajuda no desenvolvimento de habilidades como localizar livros, capítulos e versículos. A prática fortalece a familiaridade com as Escrituras, uma habilidade útil para toda a vida. Após a leitura do versículo, reflita sobre a resposta e escreva-a no caderno antes de consultar o livro. O processo de pensar e responder antes de copiar ajuda no aprendizado, porque exige esforço mental e promove a compreensão ativa.

Avalie sua resposta e copie a resposta do livro no caderno. Após responder à pergunta, consulte o livro para avaliar a resposta. Compare a reflexão com a explicação fornecida no texto. Se houver ajustes ou novas ideias, registre-os no caderno. Em seguida, copie a resposta completa que o livro oferece. A prática reforça o aprendizado, pois você se expõe ao conteúdo várias vezes ao ler, pensar, responder e escrever.

Copie o versículo no caderno. Como parte do exercício, escreva o versículo completo no caderno. Isso ajuda a memorizar a Palavra de Deus e a internalizar sua mensagem. Escrever versículos fortalece a conexão do aprendizado com o texto bíblico e ajuda a gravar sua mensagem na mente e no coração.

Dicas para ministrar aos filhos

Escolha um horário específico. Defina um momento tranquilo e estável para o estudo. Pode ser após o café da manhã ou antes de dormir. O importante é que todos estejam dispostos.

Crie um ambiente livre de distrações. Encontre um local silencioso, longe de aparelhos eletrônicos ou de outras distrações. Isso ajuda os filhos a se concentrarem no estudo e a valorizarem o momento.

Explique o propósito. Mostre aos seus filhos por que é importante conhecer a Palavra de Deus. Mostre como ela orienta suas decisões, molda o caráter e os conecta a Deus. Use seus próprios testemunhos para reforçar o conceito.

Participe ativamente. Os pais são os primeiros discipuladores dos filhos. Esteja presente no momento do estudo, leia os versículos, oriente nas respostas e compartilhe ideias. Demonstre que você também aprende com a Palavra.

Seja paciente e encorajador. Algumas crianças podem demorar mais para entender ou responder. Encoraje-as a continuar e celebre os progressos, por menores que sejam.

Cuidado com o tempo. Tenha sabedoria sobre quanto tempo investir a cada momento dedicado ao estudo bíblico. Entenda que criar o hábito de estudar a Bíblia regularmente – ainda que seja feita somente uma pergunta – é mais importante do que passar um longo período estudando sem regularidade.

Ao seguir esse método, você e seus filhos formarão uma base sólida de conhecimento bíblico, enquanto fortalecem o relacionamento com Deus e uns com os outros.

A Parte 2 deste livro, mais do que um guia de perguntas e respostas, é uma ferramenta para transformar corações e mentes à luz da Palavra de Deus.

Quando conduzido com amor, paciência e intencionalidade, o estudo bíblico no lar se torna uma experiência rica e significativa para deixar um legado espiritual eterno às gerações.

Mãos à obra.

Capítulo 8

A Palavra de Deus

Versículo-chave:

"Toda a Escritura é inspirada por Deus e útil para o ensino, para a repreensão, para a correção e para a instrução na justiça."

2Timóteo 3.16

A ORIGEM DA PALAVRA DE DEUS

1. Quem inspirou as Escrituras, de acordo com 2Timóteo 3.16a?

Resposta: Deus inspirou as Escrituras.

Versículo: "Toda a Escritura é inspirada por Deus." (2Timóteo 3.16a)

2. Em 2Pedro 1.21, vemos que homens falaram profeticamente da parte de Deus. Qual é a origem dessas profecias?

Resposta: As profecias vieram de Deus, e os homens falaram movidos pelo Espírito Santo.

Versículo: "Pois jamais a profecia teve origem na vontade humana, mas homens falaram da parte de Deus, impelidos pelo Espírito Santo." (2Pedro 1.21)

3. Em Ezequiel 1.3, de quem era a mão que estava sobre Ezequiel enquanto ele escrevia as palavras de profecia?

Resposta: A mão do Senhor estava sobre Ezequiel enquanto ele recebia as palavras de profecia.

Versículo: "A palavra do SENHOR veio ao sacerdote Ezequiel, filho de Buzi, junto ao rio Quebar, na terra dos caldeus. Ali a mão do SENHOR esteve sobre ele." (Ezequiel 1.3)

4. Deus falou no passado por intermédio de diversos profetas. Porém, na nova aliança, segundo Hebreus 1.1-2, Deus falou por meio de quem?

Resposta: Na nova aliança, Deus falou por meio de Jesus Cristo, seu Filho.

Versículo: "Há muito tempo Deus falou muitas vezes e de várias maneiras aos nossos antepassados por meio dos profetas, mas nestes últimos dias falou-nos por meio do Filho, a quem constituiu herdeiro de todas as coisas e por meio de quem fez o universo." (Hebreus 1.1-2)

> *Nota*: A Bíblia é composta por 66 livros: 39 no Antigo Testamento e 27 no Novo Testamento. Escrita por cerca de 40 autores ao longo de 1.500 anos, ela foi produzida em três continentes (África, Ásia e Europa) e em três idiomas (hebraico, aramaico e grego). Mesmo com toda essa diversidade, a mensagem da Bíblia é única: ela é a Palavra de Deus que nos revela Jesus Cristo, o Salvador, e nos ensina como viver de acordo com essa verdade. As Escrituras

> nos guiam na fé, nos chamam à obediência e nos mostram como viver em comunhão com Deus, a fim de que nossa vida reflita a glória do Senhor em todas as coisas.

OS ATRIBUTOS DA PALAVRA DE DEUS

5. Quanto tempo durará a Palavra de Deus, segundo Mateus 24.35?

Resposta: Enquanto tudo ao nosso redor é passageiro, a Palavra do Senhor permanece para sempre.

Versículo: "Os céus e a terra passarão, mas as minhas palavras jamais passarão." (Mateus 24.35)

6. Qual atributo da Palavra de Deus é revelado em Salmos 19.7?

Resposta: A Palavra de Deus é perfeita, isto é, não contém erro e não tem necessidade de acréscimos. A Palavra de Deus é suficiente.

Versículo: "A lei do SENHOR é perfeita, e revigora a alma. Os testemunhos do SENHOR são dignos de confiança, e tornam sábios os inexperientes." (Salmos 19.7)

7. Qual aspecto da natureza da Palavra de Deus João 17.17 nos ensina?

Resposta: Ensina que a Palavra de Deus é a verdade absoluta. Isso significa que ela é totalmente confiável, sem erro e imutável, sendo o padrão para o que é correto e santo.

Versículo: "Santifica-os na verdade; a tua palavra é a verdade." (João 17.17)

8. Qual atributo da Palavra de Deus é revelado em Josué 23.14?

Resposta: A Palavra de Deus não falha, ou seja, todas as promessas de Deus terão cumprimento completo.

Versículo: "Agora estou prestes a ir pelo caminho de toda a terra. Vocês sabem, lá no fundo do coração e da alma, que nenhuma das boas promessas que o Senhor, o seu Deus, lhes fez deixou de cumprir-se. Todas se cumpriram; nenhuma delas falhou." (Josué 23.14)

9. Segundo Isaías 55.11, por que a Palavra de Deus tem autoridade suprema em nossa vida?

Resposta: A Palavra de Deus tem autoridade suprema porque ela vem diretamente de Deus, nunca falha e sempre cumpre seus propósitos.

Versículo: "Assim também ocorre com a palavra que sai da minha boca: ela não voltará para mim vazia, mas fará o que desejo e atingirá o propósito para o qual a enviei." (Isaías 55.11)

10. Para sobreviver, precisamos nos alimentar. Entretanto, qual é o alimento necessário para nosso espírito, segundo Mateus 4.4?

Resposta: A Palavra de Deus é o alimento essencial para nosso espírito.

Versículo: "Jesus respondeu: "Está escrito: 'Nem só de pão viverá o homem, mas de toda palavra que procede da boca de Deus'"." (Mateus 4.4)

11. Em Salmos 119.105, a Palavra de Deus é comparada a quê? O que isso significa?

Resposta: A Palavra de Deus é comparada a uma lâmpada para os pés e a uma luz para o caminho, o que significa que ela nos guia e traz clareza e direção para vivermos conforme a vontade de Deus.

Versículo: "A tua palavra é lâmpada que ilumina os meus passos e luz que clareia o meu caminho." (Salmos 119.105)

12. Quais são os atributos da Palavra que aprendemos em Hebreus 4.12?

Resposta: A Palavra é viva e eficaz, ela é poderosa, capaz de transformar corações e mentes, revela intenções e molda vidas, segundo a vontade de Deus.

Versículo: "Pois a palavra de Deus é viva e eficaz, e mais afiada que qualquer espada de dois gumes; ela penetra a ponto de dividir alma e espírito, juntas e medulas, e julga os pensamentos e intenções do coração." (Hebreus 4.12)

O PROPÓSITO DA PALAVRA DE DEUS

13. Quais são os propósitos da Palavra de Deus revelados em 2Timóteo 3.16?

Resposta: Os propósitos da Palavra de Deus são ensinar, repreender, corrigir e instruir na justiça e preparar-nos para viver de maneira que agrade a Deus.

Versículo: "Toda a Escritura é inspirada por Deus e útil para o ensino, para a repreensão, para a correção e para a instrução na justiça." (2Timóteo 3.16)

14. Qual a finalidade da Palavra de Deus, segundo Romanos 15.4?

Resposta: A Palavra de Deus foi escrita para ensinar e trazer perseverança e esperança aos que confiam em Deus, especialmente em tempos de dificuldade.

Versículo: "Pois tudo o que foi escrito no passado, foi escrito para nos ensinar, de forma que, por meio da perseverança e do bom ânimo procedentes das Escrituras, mantenhamos a nossa esperança." (Romanos 15.4)

15. Qual é o propósito principal da Palavra de Deus, segundo João 20.31?

Resposta: O propósito principal é que creiamos que Jesus é o Cristo, o Filho de Deus, e, por meio dessa fé, recebamos vida em seu nome.

Versículo: "Mas estes foram escritos para que vocês creiam que Jesus é o Cristo, o Filho de Deus e, crendo, tenham vida em seu nome." (João 20.31)

16. O que a Palavra de Deus nos garante, segundo 1João 5.13?

Resposta: A Palavra de Deus nos garante que, ao crermos no nome do Filho de Deus, temos a vida eterna.

Versículo: "Escrevi-lhes estas coisas, a vocês que creem no nome do Filho de Deus, para que vocês saibam que têm a vida eterna." (1João 5.13)

OS EFEITOS DA PALAVRA DE DEUS

17. Qual é o efeito da Palavra de Deus na vida dos inexperientes, segundo Salmos 119.130?

Resposta: A Palavra de Deus ilumina e dá entendimento aos inexperientes; significa que ela revela a verdade, orienta e torna sábio aquele que busca aprender com Deus.

Versículo: "A explicação das tuas palavras ilumina e dá discernimento aos inexperientes." (Salmos 119.130)

18. Qual é a promessa para aqueles que vivem de acordo com a Palavra de Deus em Salmos 119.9?

Resposta: A promessa é que aqueles que vivem de acordo com a Palavra de Deus podem manter uma vida pura diante dele.

Versículo: "Como pode o jovem manter pura a sua conduta? Vivendo de acordo com a tua palavra." (Salmos 119.9)

19. O que significa guardar a Palavra no coração? E qual é o efeito disso de acordo com Salmos 119.11?

Resposta: Guardar a Palavra no coração é internalizá-la e meditar nela continuamente. O efeito é que ela nos protege de pecar contra Deus e direciona nossas ações para agradar-lhe.

Versículo: "Guardei no coração a tua palavra para não pecar contra ti." (Salmos 119.11)

20. O que a Palavra oferece para quem se refugia nela, segundo Provérbios 30.5?

Resposta: A Palavra de Deus oferece refúgio e segurança aos que nela confiam, servindo como proteção espiritual.

Versículo: "Cada palavra de Deus é comprovadamente pura; ele é um escudo para quem nele se refugia." (Provérbios 30.5)

21. Segundo João 8.32, qual é o efeito na nossa vida tão logo conhecemos e vivemos a Palavra de Deus?

Resposta: A Palavra de Deus liberta o ser humano do pecado e traz renovação e comunhão com o Senhor.

Versículo: "E conhecerão a verdade, e a verdade os libertará." (João 8.32)

O NOSSO RELACIONAMENTO COM A PALAVRA DE DEUS

22. Como a Palavra de Deus é descrita em 1Pedro 2.2? Como deve ser a nossa postura em relação a ela?

Resposta: A Palavra é como leite espiritual puro, e devemos ansiar por ela como bebês recém-nascidos, para crescermos na salvação.

Versículo: "Como crianças recém-nascidas, desejem de coração o leite espiritual puro, para que por meio dele cresçam para a salvação." (1Pedro 2.2)

23. A Palavra de Deus encontrará oposição neste mundo. Como deve ser a nossa postura, segundo Romanos 1.16?

Resposta: Nossa postura deve ser de não nos envergonharmos da Palavra, porque nela temos a revelação do Evangelho, que é o poder de Deus para a salvação de todos os que creem.

Versículo: "Não me envergonho do evangelho, porque é o poder de Deus para a salvação de todo aquele que crê: primeiro do judeu, depois do grego." (Romanos 1.16)

24. Por que devemos dar ouvidos à Palavra de Deus, de acordo com Romanos 10.17?

Resposta: Porque a fé vem pelo ouvir a mensagem, e a mensagem vem pela Palavra de Cristo.

Versículo: "Consequentemente, a fé vem por se ouvir a mensagem, e a mensagem é ouvida mediante a palavra de Cristo." (Romanos 10.17)

25. Com que frequência devemos examinar as Escrituras? E com qual propósito, segundo Atos 17.11?

Resposta: Devemos examiná-las diariamente, com o propósito de confirmar se aquilo que ouvimos está de acordo com a Palavra de Deus.

Versículo: "Os bereanos eram mais nobres do que os tessalonicenses, pois receberam a mensagem com grande interesse, examinando todos os dias as Escrituras, para ver se tudo era assim mesmo." (Atos 17.11)

26. O que aprendemos sobre a Palavra de Deus em Salmos 1.2?

Resposta: A Palavra de Deus é fonte de alegria e satisfação, por isso devemos meditar nela dia e noite.

Versículo: "Ao contrário, sua satisfação está na lei do SENHOR, *e nessa lei medita dia e noite." (Salmos 1.2)*

27. Quanto da Palavra devemos permitir em nossa vida, segundo Colossenses 3.16?

Resposta: A Palavra de Deus deve habitar em nosso coração e moldar nossos comportamentos, palavras e atitudes.

Versículo: "Habite ricamente em vocês a palavra de Cristo; ensinem e aconselhem-se uns aos outros com toda a sabedoria, e cantem salmos, hinos e cânticos espirituais com gratidão a Deus em seu coração." (Colossenses 3.16)

> *Conclusão*: A Bíblia é a Palavra de Deus, divinamente inspirada, perfeita, verdadeira e eterna. Possui autoridade suprema porque vem diretamente de Deus e cumpre todos os seus propósitos. É suficiente para ensinar, corrigir, transformar vidas e guiar-nos na justiça. A Palavra é viva e eficaz, comparada a uma lâmpada que ilumina o caminho, a uma espada que penetra o coração e a um martelo que quebra toda resistência. Seu propósito é revelar Jesus Cristo, gerar fé, garantir a vida eterna e capacitar-nos para toda boa obra.

Devemos buscá-la como leite espiritual puro, estudá-la diariamente e guardar seus ensinamentos no coração, pois é o fundamento da vida cristã e o padrão para uma vida que glorifica a Deus.

Capítulo 9

Os atributos de Deus

Versículo-chave:

"Eu sou Deus, e não há nenhum outro; eu sou Deus, e não há nenhum como eu."

Isaías 46.9b

A NATUREZA DE DEUS

1. Quem é Deus, segundo Deuteronômio 6.4?

Resposta: Deus é o único Senhor, eterno, imutável e soberano sobre todas as coisas.

Versículo: "Ouça, ó Israel: O Senhor, o nosso Deus, é o único Senhor." (Deuteronômio 6.4a)

2. Quem criou os céus e a terra, de acordo com Gênesis 1.1?

Resposta: Deus criou os céus e a terra.

Versículo: "No princípio Deus criou os céus e a terra." (Gênesis 1.1)

3. Na criação, os céus e a terra foram colocados sobre o quê? O que aprendemos em Jó 26.7?

Resposta: Deus colocou os céus e a terra suspensos sobre o vazio, sobre o nada, e os sustenta pelo seu próprio poder.

Versículo: "Ele estende os céus do norte sobre o espaço vazio; suspende a terra sobre o nada." (Jó 26.7)

4. Quem criou o homem, conforme expresso em Gênesis 1.27?

Resposta: Deus criou o homem à sua imagem, conforme a sua semelhança.

Versículo: "Criou Deus o homem à sua imagem, à imagem de Deus o criou; homem e mulher os criou." (Gênesis 1.27)

5. Deus é um ou mais de uma pessoa, segundo 2Coríntios 13.14?

Resposta: Deus é um, mas existe eternamente como Trindade: Pai, Filho e Espírito Santo, que agem em perfeita unidade.

Versículo: "A graça do Senhor Jesus Cristo, o amor de Deus e a comunhão do Espírito Santo sejam com todos vocês." (2Coríntios 13.14)

6. Onde podemos ver a ação da Trindade na Bíblia? Como isso ocorre em Mateus 3.16-17?

Resposta: No batismo de Jesus, vemos a Trindade em ação: o Filho é batizado, o Espírito Santo desce como pomba e o Pai declara seu amor pelo Filho.

Versículo: "Assim que Jesus foi batizado, saiu da água. Naquele momento o céu se abriu, e ele viu o Espírito de Deus descendo como pomba e pousando sobre ele. Então uma voz dos céus disse: 'Este é o meu Filho amado, em quem me agrado'." (Mateus 3.16-17)

> *Nota*: Os atributos de Deus são as características que revelam quem ele é e como age, divididos em incomunicáveis e comunicáveis. Os atributos incomunicáveis são exclusivos de Deus, como sua eternidade, imutabilidade e onipotência, impossíveis de serem compartilhados com suas criaturas. Já os atributos comunicáveis, como amor, justiça e misericórdia, são refletidos de forma limitada na humanidade. Esses atributos nos ajudam a compreender a grandeza e a perfeição de Deus, aprofundam nosso relacionamento com ele e nos inspiram a viver para a sua glória em obediência e reverência.

OS ATRIBUTOS INCOMUNICÁVEIS DE DEUS

7. Segundo Salmos 90.2, Deus tem princípio ou fim?

Resposta: Não. Deus é eterno, sem princípio ou fim, existe para sempre.

Versículo: "Antes de nascerem os montes e de criares a terra e o mundo, de eternidade a eternidade tu és Deus." (Salmos 90.2)

8. De acordo com Malaquias 3.6, Deus muda?

Resposta: Não. Deus é imutável. Ele não muda em seu caráter, planos ou promessas.

Versículo: "De fato, eu, o Senhor, não mudo. Por isso vocês, descendentes de Jacó, não foram destruídos." (Malaquias 3.6)

9. Conforme Salmos 139.7-8, Deus está limitado a um lugar?

Resposta: Não. Deus é onipresente, pois está em todos os lugares ao mesmo tempo.

Versículo: "Para onde poderia eu escapar do teu Espírito? Para onde poderia fugir da tua presença? Se eu subir aos céus, lá estás; se eu fizer a minha cama na sepultura, também lá estás." (Salmos 139.7-8)

10. Segundo Salmos 139.4, Deus sabe todas as coisas?

Resposta: Sim. Deus é onisciente. Ele conhece todas as coisas, passadas, presentes e futuras.

Versículo: "Antes mesmo que a palavra me chegue à língua, tu já a conheces inteiramente, Senhor." (Salmos 139.4)

11. De acordo com Jeremias 32.17, Deus tem todo o poder?

Resposta: Sim. Deus é onipotente. Nada é impossível para ele.

Versículo: "Ah! Soberano Senhor, tu fizeste os céus e a terra pelo teu grande poder e por teu braço estendido. Nada é difícil demais para ti." (Jeremias 32.17)

OS ATRIBUTOS COMUNICÁVEIS DE DEUS

12. Segundo 1Pedro 1.16, Deus é santo?

Resposta: Sim. Deus é perfeitamente santo, totalmente puro e separado de tudo o que é mau.

Versículo: "Pois está escrito: 'Sejam santos, porque eu sou santo'." (1Pedro 1.16)

13. Conforme 1João 4.8, Deus é amor?

Resposta: Sim. Deus é amor, e todas as suas ações estão alinhadas a esse aspecto do seu caráter.

Versículo: "Quem não ama não conhece a Deus, porque Deus é amor." (1João 4.8)

14. De acordo com Salmos 89.14, Deus é justo?

Resposta: Sim. Deus é justo e governa todas as coisas com retidão e equidade.

Versículo: "A retidão e a justiça são os alicerces do teu trono; o amor e a fidelidade vão à tua frente." (Salmos 89.14)

15. Deus é misericordioso? O que aprendemos em Êxodo 34.6?

Resposta: Sim. Deus é cheio de misericórdia e compaixão, perdoa e cuida daqueles que se arrependem.

Versículo: "E passou diante de Moisés, proclamando: 'SENHOR, SENHOR, Deus compassivo e misericordioso, paciente, cheio de amor e de fidelidade'." (Êxodo 34.6)

16. Segundo 2Timóteo 2.13, Deus é fiel?

Resposta: Sim. Deus é fiel. Ainda que sejamos infiéis, ele permanece fiel às suas promessas.

Versículo: "Se somos infiéis, ele permanece fiel, pois não pode negar-se a si mesmo." (2Timóteo 2.13)

O RELACIONAMENTO DE DEUS COM A CRIAÇÃO

17. Como Deus se relaciona com a criação, de acordo com Atos 17.24-25?

Resposta: Deus sustenta a criação; não precisa de nada dela, mas é quem supre todas as suas necessidades.

Versículo: "O Deus que fez o mundo e tudo o que nele há é o Senhor dos céus e da terra, e não habita em santuários feitos por mãos humanas. Ele não é servido por mãos de homens, como se necessitasse de algo, porque ele mesmo dá a todos a vida, o fôlego e as demais coisas." (Atos 17.24-25)

18. Como Deus demonstra seu amor por sua criação, conforme João 3.16?

Resposta: Deus amou o mundo de tal maneira que deu seu único Filho para salvar os que creem nele.

Versículo: "Porque Deus tanto amou o mundo que deu o seu Filho Unigênito, para que todo o que nele crer não pereça, mas tenha a vida eterna." (João 3.16)

19. Deus governa sobre todas as coisas? O que aprendemos em Daniel 4.35?

Resposta: Sim. Deus governa soberanamente sobre toda a criação e cumpre sua vontade perfeita.

Versículo: "Todos os povos da terra são como nada diante dele. Ele age como lhe agrada com os exércitos dos céus e com os habitantes da terra. Ninguém é capaz de resistir à sua mão ou dizer-lhe: 'O que fizeste?'." (Daniel 4.35)

> *Conclusão*: Quando estudamos os atributos de Deus, percebemos a grandiosidade e a perfeição do nosso Criador. Ele é eterno, imutável, onisciente, onipresente e onipotente. Esses atributos destacam sua majestade incomunicável. Contudo, também aprendemos que Deus é santo, justo, amoroso, fiel e misericordioso, atributos refletidos, em parte, em nós, na humanidade. Deus é único, mas se manifesta como Trindade perfeita, sustenta todas as coisas e governa sobre toda a criação. Ele demonstrou seu amor máximo ao enviar Jesus Cristo para nos reconciliar consigo, revelando o plano perfeito para a nossa salvação.

Capítulo 10

O Deus Pai

Versículo-chave:

"Para nós, porém, há um único Deus, o Pai, de quem vêm todas as coisas e para quem vivemos."

1Coríntios 8.6a

A NATUREZA DO DEUS PAI

1. Como Deus é chamado em Efésios 4.6?

Resposta: Deus é chamado de Pai de todos.

Versículo: "Um só Deus e Pai de todos, que é sobre todos, por meio de todos e em todos." (Efésios 4.6)

2. O que está revelado sobre Deus em Deuteronômio 32.6?

Resposta: Deus é o nosso Pai. Ele nos criou e nos formou com o seu poder, que não pode ser medido.

Versículo: "É assim que retribuem ao Senhor, povo insensato e ignorante? Não é ele o Pai de vocês, o seu Criador, que os fez e os formou?" (Deuteronômio 32.6)

3. Como Deus é descrito em Salmos 68.5?

Resposta: Deus é pai dos órfãos e defensor das viúvas, demonstra cuidado e justiça para os vulneráveis.

Versículo: "Pai para os órfãos e defensor das viúvas é Deus em sua santa habitação." (Salmos 68.5)

4. O que Jesus nos ensinou sobre o Deus Pai em Mateus 11.25?

Resposta: Jesus nos ensinou que o Pai é soberano sobre todas as coisas, ele é Senhor dos céus e da terra e revela sua verdade aos humildes.

Versículo: "Naquela ocasião Jesus disse: 'Eu te louvo, Pai, Senhor dos céus e da terra, porque escondeste estas coisas dos sábios e cultos, e as revelaste aos pequeninos'." (Mateus 11.25)

5. Em João 5.21, o texto diz que o Pai tem autoridade sobre o quê?

Resposta: Deus Pai tem autoridade sobre a morte e pode devolver a vida para aqueles que já morreram.

Versículo: "Pois, da mesma forma que o Pai ressuscita os mortos e lhes dá vida, o Filho também dá vida a quem ele quer." (João 5.21)

O RELACIONAMENTO DO PAI COM SEUS FILHOS

6. Como o Pai cuida das nossas necessidades, segundo Mateus 6.26?

Resposta: O Pai cuida de nós como cuida das aves do céu, provê para todas as nossas necessidades.

Versículo: "Observem as aves do céu: não semeiam nem colhem nem armazenam em celeiros; contudo, o Pai celestial as alimenta. Não têm vocês muito mais valor do que elas?" (Mateus 6.26)

7. O que aprendemos sobre o Deus Pai em Salmos 103.13?

Resposta: Assim como um pai se compadece de seus filhos, o Senhor se compadece daqueles que o temem.

Versículo: "Como um pai tem compaixão de seus filhos, assim o SENHOR tem compaixão dos que o temem." (Salmos 103.13)

8. Por que chamamos Deus de "*Aba*, Pai", de acordo com Romanos 8.15?

Resposta: Porque Deus nos adotou como filhos e enviou o Espírito Santo. E como filhos, agora podemos desenvolver um relacionamento verdadeiro com o Pai.

Versículo: "Pois vocês não receberam um espírito que os escravize para novamente temerem, mas receberam o Espírito que os adota como filhos, por meio do qual clamamos: 'Aba, Pai'." (Romanos 8.15)

9. O que recebemos do nosso Deus Pai, segundo Tiago 1.17?

Resposta: Toda boa dádiva e todo dom perfeito vêm do Pai, que é imutável e confiável.

Versículo: "Toda boa dádiva e todo dom perfeito vêm do alto, descendo do Pai das luzes, que não muda como sombras inconstantes." (Tiago 1.17)

10. Como o Pai responde às orações de seus filhos, de acordo com Mateus 7.11?

Resposta: O Pai dá boas coisas àqueles que lhe pedem, muito mais do que um pai terreno pode dar a seus filhos.

Versículo: "Se vocês, apesar de serem maus, sabem dar boas coisas aos seus filhos, quanto mais o Pai de vocês, que está nos céus, dará coisas boas aos que lhe pedirem!" (Mateus 7.11)

11. Qual é uma das maneiras pelas quais podemos nos relacionar com Deus Pai, conforme Mateus 6.6?

Resposta: Devemos orar ao Pai em secreto, buscar um relacionamento íntimo com ele, e o Pai, que vê em secreto, nos recompensará.

Versículo: "Mas quando você orar, vá para seu quarto, feche a porta e ore a seu Pai, que está em secreto. Então seu Pai, que vê em secreto, o recompensará." (Mateus 6.6)

12. A quem devemos dirigir nossas orações, conforme Mateus 6.9?

Resposta: Devemos dirigir nossas orações ao Pai, como Jesus nos ensinou na oração do "Pai Nosso".

Versículo: "Vocês, orem assim: 'Pai nosso, que estás nos céus! Santificado seja o teu nome'." (Mateus 6.9)

A MISSÃO REDENTORA DO PAI

13. O que o Pai fez para demonstrar seu amor pelo mundo, descrito em João 3.16?

Resposta: O Pai enviou seu Filho unigênito ao mundo para salvar aqueles que creem nele, dando-lhes vida eterna.

Versículo: "Porque Deus tanto amou o mundo que deu o seu Filho Unigênito, para que todo o que nele crer não pereça, mas tenha a vida eterna." (João 3.16)

14. O que aprendemos sobre o Deus Pai em 2Coríntios 5.18?

Resposta: Que o Pai nos reconciliou consigo por meio de Cristo.

Versículo: "Tudo isso provém de Deus, que nos reconciliou consigo mesmo por meio de Cristo e nos deu o ministério da reconciliação." (2Coríntios 5.18)

15. Qual é a segurança que temos no Deus Pai, segundo João 10.29?

Resposta: Temos a segurança de que ninguém pode nos tirar das mãos do Pai, pois ele é maior do que todos.

Versículo: "Meu Pai, que as deu para mim, é maior do que todos; ninguém as pode arrancar da mão de meu Pai." (João 10.29)

Conclusão: Entendemos a relação única de Deus Pai com a criação e seus filhos. Ele é o Criador soberano, cheio de compaixão e generosidade, que cuida de nossas necessidades e nos chama para um relacionamento íntimo por meio da oração. Seu amor é demonstrado pela entrega de seu Filho para nossa salvação, reconciliando-nos consigo. Como Pai, ele nos protege, guia e garante segurança eterna. Deus Pai é fiel e imutável, digno de nossa total confiança, adoração e obediência.

Capítulo 11

O Deus Filho

Versículo-chave:

"Ele é a imagem do Deus invisível, o primogênito de toda a criação."

COLOSSENSES 1.15

A PRÉ-EXISTÊNCIA DE JESUS

1. O que Miqueias 5.2 nos ensina sobre a origem de Jesus?

Resposta: Que Jesus nasceu em Belém, mas sua existência é eterna, desde os dias da eternidade.

Versículo: "Mas tu, Belém-Efrata, embora pequena entre os clãs de Judá, de ti virá para mim aquele que será o governante sobre Israel. Suas origens estão no passado distante, em tempos antigos." (Miqueias 5.2)

2. O que Jesus disse sobre sua própria existência, em João 8.58?

Resposta: Jesus afirmou sua existência eterna ao declarar: "Antes que Abraão existisse, Eu Sou".

Versículo: "Respondeu Jesus: 'Eu lhes afirmo que antes de Abraão nascer, Eu Sou!" (João 8.58)

A DIVINDADE DE JESUS

3. Como Jesus é descrito em João 1.1?

Resposta: Jesus é a Palavra, que estava com Deus e era Deus desde o princípio.

Versículo: "No princípio era aquele que é a Palavra. Ele estava com Deus, e era Deus." (João 1.1)

4. O que Jesus afirmou sobre sua relação com o Pai, em João 10.30?

Resposta: Jesus afirmou que ele e o Pai são um, revelando sua unidade perfeita e divina com o Pai.

Versículo: "Eu e o Pai somos um." (João 10.30)

5. Como foi a declaração de Tomé a respeito de Jesus após a ressurreição, em João 20.28?

Resposta: Tomé declarou que Jesus é Senhor e Deus.

Versículo: "Disse-lhe Tomé: 'Senhor meu e Deus meu!'" (João 20.28)

6. Quem Pedro disse que Jesus é, em Mateus 16.16?

Resposta: Pedro reconheceu Jesus como o Cristo, o Filho do Deus vivo.

Versículo: "Simão Pedro respondeu: 'Tu és o Cristo, o Filho do Deus vivo'." (Mateus 16.16)

7. Como Paulo explica a divindade de Jesus, em Romanos 1.4?

Resposta: Ele afirma que Jesus foi declarado Filho de Deus com poder por meio da sua ressurreição.

Versículo: "E que mediante o Espírito de santidade foi declarado Filho de Deus com poder, pela sua ressurreição dentre os mortos: Jesus Cristo, nosso Senhor." (Romanos 1.4)

8. O que habita em Jesus, segundo Colossenses 2.9?

Resposta: Em Jesus habita corporalmente toda a plenitude da divindade.

Versículo: "Pois em Cristo habita corporalmente toda a plenitude da divindade." (Colossenses 2.9)

OS TÍTULOS DE JESUS

9. Como Jesus é chamado, em Mateus 12.18?

Resposta: Jesus é chamado de Servo do Senhor, em quem Deus tem prazer e sobre quem coloca seu Espírito.

Versículo: "Eis o meu servo, a quem escolhi, o meu amado, em quem tenho prazer. Porei sobre ele o meu Espírito, e ele anunciará justiça às nações." (Mateus 12.18)

10. Como os magos chamaram Jesus ao nascer, segundo Mateus 2.2?

Resposta: Eles o chamaram de Rei dos judeus.

Versículo: "E perguntaram: 'Onde está o recém-nascido rei dos judeus? Vimos a sua estrela no oriente e viemos adorá-lo'." (Mateus 2.2)

11. Como João Batista descreveu Jesus, em João 1.29?

Resposta: João o chamou de Cordeiro de Deus, que tira o pecado do mundo.

Versículo: "No dia seguinte João viu Jesus aproximando-se e disse: 'Vejam! É o Cordeiro de Deus, que tira o pecado do mundo!'" (João 1.29)

12. Qual título Jesus atribuiu a si, em João 8.12?

Resposta: Jesus afirmou que é a luz do mundo.

Versículo: "Falando novamente ao povo, Jesus disse: 'Eu sou a luz do mundo. Quem me segue, nunca andará em trevas, mas terá a luz da vida'." (João 8.12)

13. Quais títulos são dados a Jesus, em Isaías 9.6?

Resposta: Jesus é chamado Maravilhoso Conselheiro, Deus Poderoso, Pai Eterno, Príncipe da Paz.

Versículo: "Porque um menino nos nasceu, um filho nos foi dado, e o governo está sobre os seus ombros. E ele será chamado Maravilhoso Conselheiro, Deus Poderoso, Pai Eterno, Príncipe da Paz." (Isaías 9.6)

14. Como João chama Jesus, em João 1.18?

Resposta: Jesus é o Deus Unigênito.

Versículo: "Ninguém jamais viu a Deus, mas o Deus Unigênito, que está junto do Pai, o tornou conhecido." (João 1.18)

A ENCARNAÇÃO DE JESUS

15. O que a profecia de Isaías 7.14 fala sobre Jesus?

Resposta: Isaías profetizou que uma virgem conceberia e daria à luz um filho, chamado Emanuel, que significa “Deus conosco”.

Versículo: “Por isso o Senhor mesmo lhes dará um sinal: a virgem ficará grávida e dará à luz um filho, e o chamará Emanuel.” (Isaías 7.14)

16. Como Filipenses 2.7 descreve a encarnação de Jesus?

Resposta: Jesus se tornou semelhante aos homens.

Versículo: “Mas esvaziou-se a si mesmo, vindo a ser servo, tornando-se semelhante aos humanos.” (Filipenses 2.7)

17. Como 1Timóteo 3.16 explica o mistério da encarnação?

Resposta: O texto explica que Deus foi manifestado em carne.

Versículo: “Não há dúvida de que é grande o mistério da piedade: Deus foi manifestado em corpo, justificado no Espírito, visto pelos anjos, pregado entre as nações, crido no mundo, recebido na glória.” (1Timóteo 3.16)

18. O que o anjo disse a Maria sobre o nascimento de Jesus, em Lucas 1.30-31?

Resposta: O anjo disse que ela conceberia e daria à luz um filho, e o nome dele seria Jesus.

Versículo: “Mas o anjo lhe disse: ‘Não tenha medo, Maria; você foi agraciada por Deus! Você ficará grávida e dará à luz um filho, e lhe porá o nome de Jesus’.” (Lucas 1.30-31)

19. O que o anjo revelou a José sobre Jesus, em Mateus 1.20?

Resposta: O anjo disse que Jesus fora concebido pelo Espírito Santo e que ele salvaria o povo dos seus pecados.

Versículo: "Mas, depois de ter pensado nisso, apareceu-lhe um anjo do Senhor em sonho e disse: 'José, filho de Davi, não tema receber Maria como sua esposa, pois o que nela foi gerado procede do Espírito Santo'." (Mateus 1.20)

20. Onde Jesus nasceu, segundo Mateus 2.1?

Resposta: Jesus nasceu em Belém da Judeia.

Versículo: "Depois que Jesus nasceu em Belém da Judeia, nos dias do rei Herodes, magos vindos do oriente chegaram a Jerusalém." (Mateus 2.1)

O MINISTÉRIO DE JESUS

21. O que Jesus fazia no seu ministério terreno?

Resposta: Jesus pregava o Evangelho, curava os doentes e libertava os oprimidos, cumprindo sua missão redentora.

Versículo: "Jesus foi por toda a Galileia, ensinando nas sinagogas deles, pregando as boas novas do Reino e curando todas as enfermidades e doenças entre o povo." (Mateus 4.23)

22. O que Jesus fez de tão maravilhoso no seu ministério terreno?

Resposta: Jesus realizou muitos milagres; se todos fossem escritos, não haveria espaço para os livros no mundo.

Versículo: "Jesus fez também muitas outras coisas. Se cada uma delas fosse escrita, penso que nem mesmo no mundo inteiro haveria espaço suficiente para os livros que seriam escritos." (João 21.25)

A MORTE DE JESUS

23. Por que Jesus morreu, segundo 1Coríntios 15.3?

Resposta: Jesus morreu por nossos pecados a fim de nos reconciliar com Deus.

Versículo: "Pois o que primeiramente lhes transmiti foi o que recebi: que Cristo morreu pelos nossos pecados, segundo as Escrituras." (1Coríntios 15.3)

24. Qual é o propósito da vinda de Jesus, conforme 1Timóteo 1.15?

Resposta: Jesus veio ao mundo para salvar os pecadores.

Versículo: "Esta afirmação é fiel e digna de toda aceitação: Cristo Jesus veio ao mundo para salvar os pecadores, dos quais eu sou o pior." (1Timóteo 1.15)

25. O que Isaías 53.5 revela sobre o sacrifício de Jesus?

Resposta: Jesus foi ferido por nossas transgressões e esmagado por nossas iniquidades; seu castigo nos trouxe paz, e suas feridas nos curaram.

Versículo: "Mas ele foi transpassado por causa das nossas transgressões, foi esmagado por causa de nossas iniquidades; o castigo que nos trouxe paz estava sobre ele, e pelas suas feridas fomos curados." (Isaías 53.5)

26. Onde foi realizada a crucificação de Jesus, conforme descrito em João 19.17?

Resposta: O lugar onde Jesus foi crucificado chamava-se Caveira (ou Gólgota, em aramaico).

Versículo: "Levando a sua própria cruz, ele saiu para o lugar chamado Caveira (que em aramaico é chamado Gólgota)." (João 19.17)

27. Por que o sangue de Jesus é necessário para a nossa redenção, de acordo com Hebreus 9.22?

Resposta: Porque sem o derramamento de sangue não há perdão de pecados.

Versículo: "De fato, segundo a Lei, quase todas as coisas são purificadas com sangue, e sem derramamento de sangue não há perdão." (Hebreus 9.22)

28. Como fomos redimidos, segundo 1Pedro 1.18-19?

Resposta: Fomos redimidos pelo precioso sangue de Cristo, como de um cordeiro sem mancha ou defeito.

Versículo: "Pois vocês sabem que não foi por meio de coisas perecíveis como prata ou ouro que vocês foram redimidos da sua maneira vazia de viver, transmitida por seus antepassados, mas pelo precioso sangue de Cristo, como de um cordeiro sem mancha e sem defeito." (1Pedro 1.18-19)

A RESSURREIÇÃO DE JESUS

29. O que Jesus ensinou aos discípulos sobre sua ressurreição, em Mateus 16.21?

Resposta: Jesus ensinou que ele sofreria, seria morto e ressuscitaria ao terceiro dia.

Versículo: "Desde aquele momento Jesus começou a explicar aos seus discípulos que era necessário que ele fosse para Jerusalém e sofresse muitas coisas nas mãos dos líderes religiosos, dos chefes dos sacerdotes e dos mestres da lei, e fosse morto e ressuscitasse no terceiro dia." (Mateus 16.21)

30. Quem foi a primeira pessoa a ver Jesus ressuscitado, conforme Marcos 16.9?

Resposta: Maria Madalena foi a primeira pessoa a quem Jesus apareceu após ressuscitar.

Versículo: "Quando Jesus ressuscitou, na madrugada do primeiro dia da semana, apareceu primeiramente a Maria Madalena, de quem havia expulsado sete demônios." (Marcos 16.9)

31. Como Jesus apareceu aos discípulos após sua ressurreição, de acordo com Lucas 24.36?

Resposta: Jesus apareceu de repente entre eles e lhes disse: "Paz seja com vocês".

Versículo: "Enquanto falavam sobre isso, o próprio Jesus apresentou-se entre eles e lhes disse: 'Paz seja com vocês!'" (Lucas 24.36)

32. Quantas pessoas testemunharam Jesus ressuscitado, segundo 1Coríntios 15.5-6?

Resposta: Ele apareceu a Pedro, aos Doze, e a mais de 500 irmãos de uma só vez.

Versículo: "E apareceu a Pedro e depois aos Doze. Depois disso apareceu a mais de quinhentos irmãos de uma só vez, a maioria dos quais ainda vive, embora alguns já tenham adormecido." (1Coríntios 15.5-6)

A ASCENSÃO DE JESUS

33. Quanto tempo Jesus permaneceu na Terra após sua ressurreição, segundo Atos 1.3?

Resposta: Jesus permaneceu na Terra por 40 dias, falando sobre o Reino de Deus.

Versículo: "Depois do seu sofrimento, Jesus apresentou-se a eles e deu-lhes muitas provas indiscutíveis de que estava vivo. Apareceu-lhes por um período de quarenta dias falando-lhes acerca do Reino de Deus." (Atos 1.3)

34. O que aconteceu no momento da ascensão de Jesus, em Atos 1.9?

Resposta: Jesus foi elevado às alturas enquanto os discípulos observavam, e uma nuvem o encobriu.

Versículo: "Tendo dito isso, foi elevado às alturas enquanto eles olhavam, e uma nuvem o encobriu da vista deles." (Atos 1.9)

Conclusão: Neste capítulo, exploramos Jesus como o Filho eterno de Deus, preexistente e divino, que se encarnou para salvar a humanidade. Ele pregou as Boas-Novas, curou os doentes e libertou os cativos. Revelou seu poder ao viver sem pecado, morrer por nossos pecados, ressuscitar ao terceiro dia e ascender ao Céu. Jesus é o Salvador, o Redentor e o Rei eterno, que nos oferece salvação, esperança e segurança. Ao conhecê-lo, aprendemos que ele é digno de nossa confiança, adoração e obediência, sendo o único caminho para o Pai.

CAPÍTULO 12

O Deus Espírito Santo

Versículo-chave:

"Mas o Conselheiro, o Espírito Santo, que o Pai enviará em meu nome, lhes ensinará todas as coisas e lhes fará lembrar tudo o que eu lhes disse."

João 14.26

A NATUREZA DO ESPÍRITO SANTO

1. O que 1Coríntios 3.16 nos ensina sobre a natureza do Espírito Santo?

Resposta: Entendemos que o Espírito Santo é plenamente Deus, pois habita no templo de Deus. E nós somos o templo de Deus.

Versículo: "Vocês não sabem que são santuário de Deus e que o Espírito de Deus habita em vocês?" (1Coríntios 3.16)

2. O que Atos 5.3-4 nos ensina sobre a divindade do Espírito Santo?

Resposta: O texto diz que Ananias, ao mentir ao Espírito Santo, mentiu a Deus, o que demonstra que o Espírito é plenamente Deus.

Versículo: "Então perguntou Pedro: 'Ananias, como você permitiu que Satanás enchesse o seu coração, a ponto de você mentir ao Espírito Santo e guardar para si uma parte do dinheiro que recebeu pela propriedade? [...] Você não mentiu aos homens, mas sim a Deus!'" (Atos 5.3-4)

3. Como sabemos que o Espírito Santo é uma pessoa, segundo Efésios 4.30?

Resposta: Porque ele pode ser entristecido; demonstra-se que tem emoções, o que caracteriza uma pessoa.

Versículo: "Não entristeçam o Espírito Santo de Deus, com o qual vocês foram selados para o dia da redenção." (Efésios 4.30)

4. Como sabemos que o Espírito Santo é a terceira pessoa da Trindade, de acordo com Mateus 28.19?

Resposta: Porque Jesus ordenou que o batismo fosse realizado em nome do Pai, do Filho e do Espírito Santo, colocando-os em igualdade divina.

Versículo: "Portanto, vão e façam discípulos de todas as nações, batizando-os em nome do Pai e do Filho e do Espírito Santo." (Mateus 28.19)

> *Nota*: O Espírito Santo não é um mero poder ou força impessoal; ele é uma pessoa com mente, vontade e emoções. Ele é a terceira pessoa da Trindade, plenamente Deus, ao lado do Pai e do Filho. O Espírito Santo age como Consolador, guia e intercessor, demonstra características pessoais como falar, ensinar, amar e ser

entristecido. Mais que uma manifestação de poder, o Espírito Santo é o próprio Deus que habita nos cristãos e os conduz à verdade e à santidade.

OS TÍTULOS DO ESPÍRITO SANTO

5. Como o Espírito Santo é chamado em Romanos 8.9?

Resposta: Ele é chamado de Espírito de Deus e Espírito de Cristo.

Versículo: "Entretanto, vocês não estão sob o domínio da carne, mas do Espírito, se de fato o Espírito de Deus habita em vocês. E, se alguém não tem o Espírito de Cristo, não pertence a Cristo." (Romanos 8.9)

6. Como o Espírito Santo é chamado em João 14.17?

Resposta: Ele é chamado de o Espírito da verdade, que o mundo não pode receber.

Versículo: "O Espírito da verdade. O mundo não pode recebê-lo, porque não o vê nem o conhece. Mas vocês o conhecem, pois ele vive com vocês e estará em vocês." (João 14.17)

7. Qual é outro título dado ao Espírito Santo em João 14.26?

Resposta: Ele é chamado de Consolador, enviado pelo Pai para ensinar e lembrar as palavras de Jesus.

Versículo: "Mas o Conselheiro, o Espírito Santo, que o Pai enviará em meu nome, lhes ensinará todas as coisas e lhes fará lembrar tudo o que eu lhes disse." (João 14.26)

8. Que título Gálatas 4.6 dá ao Espírito Santo?

Resposta: Ele é chamado de o Espírito do Filho de Deus, enviado ao coração dos que creem.

Versículo: "E, porque vocês são filhos, Deus enviou o Espírito de seu Filho ao coração de vocês, e ele clama: 'Aba, Pai'." (Gálatas 4.6)

9. O que 1Pedro 1.11 diz sobre o Espírito Santo?

Resposta: Ele é chamado de o Espírito de Cristo, que esteve nos profetas e apontava para o sofrimento de Cristo e a sua glória.

Versículo: "Procurando saber o tempo e as circunstâncias para os quais apontava o Espírito de Cristo que neles estava, quando lhes predisse os sofrimentos de Cristo e as glórias que se seguiriam àqueles sofrimentos." (1Pedro 1.11)

O MINISTÉRIO DO ESPÍRITO SANTO

10. Quem é guiado pelo Espírito Santo, segundo Romanos 8.14?

Resposta: Os filhos de Deus são guiados pelo Espírito Santo.

Versículo: "Porque todos os que são guiados pelo Espírito de Deus são filhos de Deus." (Romanos 8.14)

11. Qual poder o Espírito Santo concede, de acordo com Atos 1.8?

Resposta: O Espírito concede poder para testemunhar, a partir de onde estamos até os confins da Terra.

Versículo: "Mas receberão poder quando o Espírito Santo descer sobre vocês, e serão minhas testemunhas em Jerusalém, em toda a Judeia e Samaria, e até os confins da terra." (Atos 1.8)

12. Como o Espírito Santo confirma nossa filiação, conforme descrito em Romanos 8.16?

Resposta: Ele testifica com o nosso espírito que somos filhos de Deus.

Versículo: "O próprio Espírito testemunha ao nosso espírito que somos filhos de Deus." (Romanos 8.16)

13. O que o Espírito Santo é capaz de realizar, segundo Lucas 12.12?

Resposta: Ele nos ensinará o que devemos dizer.

Versículo: "Pois naquela hora o Espírito Santo lhes ensinará o que deverão dizer." (Lucas 12.12)

14. Qual é a função do Espírito Santo, revelada em João 16.13-14?

Resposta: Ele nos guiará a toda a verdade, glorificará a Cristo e anunciará o que está por vir.

Versículo: "Mas quando o Espírito da verdade vier, ele os guiará a toda a verdade. Não falará de si mesmo; falará apenas o que ouvir, e lhes anunciará o que está por vir. Ele me glorificará, porque receberá do que é meu e o tornará conhecido a vocês." (João 16.13-14)

15. Do que o Espírito Santo convence o mundo, segundo João 16.7-8?

Resposta: Ele convence o mundo do pecado, da justiça e do juízo.

Versículo: "Mas eu lhes afirmo que é para o bem de vocês que eu vou. Se eu não for, o Conselheiro não virá para vocês; mas se eu for, eu o enviarei. Quando ele vier, convencerá o mundo do pecado, da justiça e do juízo." (João 16.7-8)

16. Qual é o papel do Espírito Santo na regeneração, conforme descrito em João 3.5?

Resposta: Ele nos faz nascer de novo, pelo Espírito e pela água.

Versículo: "Respondeu Jesus: 'Digo-lhe a verdade: Ninguém pode entrar no Reino de Deus, se não nascer da água e do Espírito'." (João 3.5)

17. Quais são os dons do Espírito Santo, mencionados em 1Coríntios 12.8-10?

Resposta: Os dons do Espírito Santo incluem: sabedoria, conhecimento, fé, dons de cura, poder para realizar milagres, profecia, discernimento de espíritos, variedade de línguas e interpretação de línguas.

Versículo: "Pelo Espírito, a um é dada a palavra de sabedoria; a outro, pelo mesmo Espírito, a palavra de conhecimento; a outro, fé, pelo mesmo Espírito; a outro, dons de cura, pelo único Espírito; a outro, poder para operar milagres; a outro, profecia; a outro, discernimento de espíritos; a outro, variedade de línguas; e ainda a outro, interpretação de línguas." (1Coríntios 12.8-10)

Conclusão: Neste capítulo, aprendemos que o Espírito Santo é Deus e parte da Trindade. Ele é o Espírito de Deus, da Verdade e de Cristo, que habita nos que creem, guia à verdade e nos transforma. Ele é essencial para nossa comunhão com Deus, capacita-nos a viver de forma santa e testemunha e glorifica a Cristo. Sua obra nos convence do pecado, nos regenera e nos santifica, moldando-nos à imagem de Cristo. O Espírito Santo intercede por nós, fortalece nossa fé e nos assegura de que a presença de Deus estará conosco em toda a caminhada cristã.

Capítulo 13

O homem

Versículo-chave:

"Criou Deus o homem à sua imagem, à imagem de Deus o criou; homem e mulher os criou."

Gênesis 1.27

A CRIAÇÃO DO HOMEM

1. Quem criou a humanidade, conforme Gênesis 1.26a?

Resposta: A humanidade foi criada por Deus.

Versículo: "Então disse Deus: 'Façamos o homem à nossa imagem, conforme a nossa semelhança'." (Gênesis 1.26a)

2. Deus criou o homem semelhante a quem, segundo Gênesis 1.27?

Resposta: O homem foi criado à imagem e semelhança de Deus.

Versículo: "Criou Deus o homem à sua imagem, à imagem de Deus o criou; homem e mulher os criou." (Gênesis 1.27)

3. Como Deus se relacionava com o homem, conforme descrito em Gênesis 3.8?

Resposta: Deus andava e conversava com Adão e Eva pelo jardim. Ele tinha comunhão com eles.

Versículo: "Ouvindo o homem e sua mulher os passos do SENHOR *Deus que andava pelo jardim quando soprava a brisa do dia, esconderam-se da presença do* SENHOR *Deus entre as árvores do jardim." (Gênesis 3.8)*

4. Com qual propósito Deus criou o homem, conforme Gênesis 2.15?

Resposta: Para cultivar o jardim e cuidar da criação de Deus.

Versículo: "O SENHOR *Deus colocou o homem no jardim do Éden para cuidar dele e cultivá-lo." (Gênesis 2.15)*

A NATUREZA DO HOMEM

5. De que foi formado o homem, de acordo com Gênesis 2.7?

Resposta: O homem foi formado do pó da terra e recebeu o fôlego de vida de Deus.

Versículo: "Então o SENHOR *Deus formou o homem do pó da terra e soprou em suas narinas o fôlego de vida, e o homem se tornou um ser vivente." (Gênesis 2.7)*

6. Como a mulher foi criada, segundo a descrição de Gênesis 2.22?

Resposta: A mulher foi criada por Deus a partir da costela do homem, para ser sua companheira e auxiliadora.

Versículo: "Com a costela que havia tirado do homem, o SENHOR Deus fez uma mulher e a levou até ele." (Gênesis 2.22)

7. Qual era a condição do homem ao ser criado, conforme Gênesis 1.31a?

Resposta: Ele foi criado sem pecado, em um estado perfeito.

Versículo: "E Deus viu tudo o que havia feito, e tudo havia ficado muito bom." (Gênesis 1.31a)

8. Deus criou o homem com liberdade? O que aprendemos em Gênesis 2.16-17?

Resposta: Deus criou o homem com liberdade, mas também com a responsabilidade de obedecer-lhe.

Versículo: "E o SENHOR Deus ordenou ao homem: 'Coma livremente de qualquer árvore do jardim, mas não coma da árvore do conhecimento do bem e do mal, porque no dia em que dela comer, certamente você morrerá'." (Gênesis 2.16-17)

9. De quais partes o homem é composto, segundo 1Tessalonicenses 5.23?

Resposta: O homem é composto de corpo, alma e espírito.

Versículo: "Que o próprio Deus da paz os santifique inteiramente. Que todo o espírito, a alma e o corpo de vocês sejam preservados irrepreensíveis na vinda de nosso Senhor Jesus Cristo." (1Tessalonicenses 5.23)

A QUEDA DO HOMEM

10. O que causou a Queda do homem, de acordo com Gênesis 3.6?

Resposta: A Queda aconteceu quando o homem desobedeceu a Deus ao comer do fruto proibido.

Versículo: "Quando a mulher viu que a árvore parecia agradável ao paladar, era atraente aos olhos e, além disso, desejável para dela se obter discernimento, tomou do seu fruto, comeu-o e o deu a seu marido, que comeu também." (Gênesis 3.6)

11. Como a Queda do homem afetou a humanidade, segundo Romanos 5.12?

Resposta: O pecado entrou no mundo e trouxe a morte a todos os homens.

Versículo: "Portanto, da mesma forma como o pecado entrou no mundo por um homem, e pelo pecado a morte, assim também a morte veio a todos os homens, porque todos pecaram." (Romanos 5.12)

12. Qual é a condição do coração humano, como descrito em Jeremias 17.9?

Resposta: Com a Queda, o coração humano tornou-se enganoso e extremamente perverso.

Versículo: "O coração é mais enganoso que qualquer outra coisa e sua doença é incurável. Quem é capaz de compreendê-lo?" (Jeremias 17.9)

13. Qual é a consequência final do pecado, segundo Romanos 6.23?

Resposta: A morte, mas Deus oferece vida eterna em Cristo Jesus.

Versículo: "Pois o salário do pecado é a morte, mas o dom gratuito de Deus é a vida eterna em Cristo Jesus, nosso Senhor." (Romanos 6.23)

A REDENÇÃO DO HOMEM

14. Quem da humanidade pode ser salvo, conforme descrito em Romanos 10.13?

Resposta: Todo aquele que invocar o nome do Senhor será salvo.

Versículo: "Porque 'todo aquele que invocar o nome do Senhor será salvo'." (Romanos 10.13)

15. O que acontece com aqueles que estão em Cristo, conforme expresso em 2Coríntios 5.17?

Resposta: Tornam-se novas criaturas; as coisas antigas se passaram e receberam uma nova vida.

Versículo: "Portanto, se alguém está em Cristo, é nova criação. As coisas antigas já passaram; eis que surgiram coisas novas!" (2Coríntios 5.17)

16. Depois que estamos em Cristo, qual é a vontade de Deus para seus filhos, de acordo com 1Tessalonicenses 4.3?

Resposta: A santificação, que é o processo de abandonar o pecado e a maldade para seguir os passos de Jesus, trilhando um caminho de justiça e amor.

Versículo: "A vontade de Deus é que vocês sejam santificados." (1Tessalonicenses 4.3)

17. O que significa nova identidade em Cristo, segundo Gálatas 2.20?

Resposta: Viver pela fé com Cristo e para Cristo e não mais para nós mesmos, não mais para realizar nossas vontades.

Versículo: "Fui crucificado com Cristo. Assim, já não sou eu quem vive, mas Cristo vive em mim. A vida que agora vivo no corpo, vivo-a pela fé no filho de Deus, que me amou e se entregou por mim." (Gálatas 2.20)

A MORTE DO HOMEM

18. Quantas vidas o homem tem, segundo Hebreus 9.27?

Resposta: Uma só, e depois enfrentará o juízo de Deus.

Versículo: "Da mesma forma, como o homem está destinado a morrer uma só vez e depois disso enfrentar o juízo" (Hebreus 9.27)

19. O que acontece com o cristão ao morrer, de acordo com Filipenses 1.23?

Resposta: Ele partirá para estar com Cristo no Céu.

Versículo: "Estou pressionado dos dois lados: desejo partir e estar com Cristo, o que é muito melhor." (Filipenses 1.23)

20. O que acontecerá na ressurreição dos mortos, segundo 1Coríntios 15.42?

Resposta: O corpo será ressuscitado incorruptível e glorificado.

Versículo: "Assim será com a ressurreição dos mortos. O corpo que é semeado é perecível e ressuscita imperecível." (1Coríntios 15.42)

> *Conclusão*: O homem foi criado por Deus à sua imagem, com propósito e liberdade. Foi criado para cultivar o jardim, cuidar da criação e viver em comunhão com ele. Contudo, com a Queda, o pecado entrou no mundo e trouxe corrupção e separação de Deus, afetando toda a humanidade. Apesar disso, Deus proveu redenção por meio de Jesus Cristo e ofereceu uma nova vida. A vida humana é única, que culminará no juízo, e, para os que creem, a ressurreição com um corpo glorificado assegura a vida eterna com Deus.

Capítulo 14

O pecado

Versículo-chave:

"Pois todos pecaram e estão destituídos da glória de Deus."

Romanos 3.23

A ORIGEM DO PECADO

1. Como o pecado surgiu, segundo Ezequiel 28.17?

Resposta: O pecado surgiu com o orgulho do querubim guardião, também conhecido como Satanás ou Diabo.

Versículo: "Seu coração tornou-se orgulhoso por causa da sua beleza, e você corrompeu a sua sabedoria por causa do seu esplendor. Por isso eu o atirei à terra; fiz de você um espetáculo para os reis." (Ezequiel 28.17)

2. Como o pecado entrou no mundo, conforme Romanos 5.12?

Resposta: O pecado entrou no mundo por meio de Adão, e, com ele, a morte passou a todos os homens.

Versículo: "Portanto, da mesma forma como o pecado entrou no mundo por um homem, e pelo pecado a morte, assim também a morte veio a todos os homens, porque todos pecaram." (Romanos 5.12)

3. Qual foi o pecado cometido por Adão e Eva, descrito em Gênesis 3.6?

Resposta: Adão e Eva comeram do fruto da árvore do conhecimento do bem e do mal, desobedecendo a Deus.

Versículo: "Quando a mulher viu que a árvore parecia agradável ao paladar, era atraente aos olhos e, além disso, desejável para dela se obter discernimento, tomou do seu fruto, comeu-o e o deu a seu marido, que comeu também." (Gênesis 3.6)

A NATUREZA DO PECADO

4. Como a Bíblia define o pecado, segundo 1João 3.4?

Resposta: O pecado é a transgressão da lei de Deus.

Versículo: "Todo aquele que pratica o pecado transgride a Lei; de fato, o pecado é a transgressão da Lei." (1João 3.4)

5. O que Gênesis 3.8 revela sobre a vergonha causada pelo pecado?

Resposta: O pecado trouxe vergonha e afastamento de Deus, levou o homem a se esconder.

Versículo: "Ouvindo o homem e sua mulher os passos do SENHOR Deus que andava pelo jardim quando soprava a brisa do dia, esconderam-se da presença do SENHOR Deus entre as árvores do jardim." (Gênesis 3.8)

6. O que o pecado faz na relação entre o homem e Deus, segundo Isaías 59.2?

Resposta: O pecado separou o homem de Deus.

Versículo: "Mas as suas maldades separaram vocês do seu Deus; os seus pecados esconderam de vocês o rosto dele, e por isso ele não os ouvirá." (Isaías 59.2)

7. Qual é a condição de todos os homens, descrita em Romanos 3.23?

Resposta: Todos pecaram e estão destituídos da glória de Deus.

Versículo: "Pois todos pecaram e estão destituídos da glória de Deus." (Romanos 3.23)

8. Conforme 1João 1.8, quem diz que não tem pecado é o quê?

Resposta: Quem diz que não tem pecado se engana e não vive na verdade.

Versículo: "Se afirmarmos que estamos sem pecado, enganamos a nós mesmos, e a verdade não está em nós." (1João 1.8)

9. Qual é o perigo do pecado, segundo Hebreus 3.13?

Resposta: O pecado é enganoso e endurece o coração humano.

Versículo: "Ao contrário, encorajem-se uns aos outros todos os dias, durante o tempo que se chama 'hoje', de modo que nenhum de vocês seja endurecido pelo engano do pecado." (Hebreus 3.13)

AS CONSEQUÊNCIAS DO PECADO

10. Qual é o salário do pecado, conforme Romanos 6.23?

Resposta: A morte.

Versículo: "Pois o salário do pecado é a morte, mas o dom gratuito de Deus é a vida eterna em Cristo Jesus, nosso Senhor." (Romanos 6.23)

11. Em João 8.34, o que Jesus diz sobre quem vive no pecado?

Resposta: Quem vive no pecado é escravo do pecado.

Versículo: "Jesus respondeu: 'Digo-lhes a verdade: Todo aquele que vive pecando é escravo do pecado'." (João 8.34)

12. Como Efésios 2.1 descreve a condição do homem no pecado?

Resposta: O homem está morto em suas transgressões e pecados.

Versículo: "Vocês estavam mortos em suas transgressões e pecados." (Efésios 2.1)

13. Que exemplos de pecados, manifestados como obras da carne, Gálatas 5.19-21 apresenta?

Resposta: As obras da carne incluem imoralidade sexual, impureza, inveja, ódio, ira, egoísmo, embriaguez e outras práticas contrárias à vontade de Deus.

Versículo: "Ora, as obras da carne são manifestas: imoralidade sexual, impureza e libertinagem; idolatria e feitiçaria; ódio, discórdia, ciúmes, ira, egoísmo, dissensões, facções e inveja; embriaguez, orgias e coisas semelhantes. Eu os advirto, como antes já os adverti: Aqueles que praticam essas coisas não herdarão o Reino de Deus." (Gálatas 5.19-21)

A VITÓRIA SOBRE O PECADO

14. Qual foi a vitória definitiva sobre o pecado, descrita em Romanos 8.1?

Resposta: A morte e a ressurreição de Cristo, que nos livram da condenação eterna.

Versículo: "Portanto, agora já não há condenação para os que estão em Cristo Jesus." (Romanos 8.1)

15. Como recebemos o perdão dos pecados, segundo 1João 1.9?

Resposta: Confessando nossos pecados a Deus, que é fiel para nos perdoar e nos purificar.

Versículo: "Se confessarmos os nossos pecados, ele é fiel e justo para perdoar os nossos pecados e nos purificar de toda injustiça." (1João 1.9)

16. Como vencemos a tentação que nos leva a pecar, segundo 1Coríntios 10.13 e Mateus 26.41?

Resposta: Deus sempre nos dá um escape nas tentações. Devemos vigiar e orar para não cairmos.

Versículo 1: "Não sobreveio a vocês tentação que não fosse comum aos homens. E Deus é fiel; ele não permitirá que vocês sejam tentados além do que podem suportar. Mas, quando forem tentados, ele mesmo lhes providenciará um escape, para que o possam suportar." (1Coríntios 10.13)

Versículo 2: "Vigiem e orem para que não caiam em tentação. O espírito está pronto, mas a carne é fraca." (Mateus 26.41)

17. O que devemos fazer se cairmos novamente em pecado, de acordo com 1João 2.1?

Resposta: Devemos lembrar-nos de que temos um advogado junto ao Pai, Jesus Cristo, e nos arrepender sinceramente do pecado.

Versículo: "Meus filhinhos, escrevo-lhes estas coisas para que vocês não pequem. Se, porém, alguém pecar, temos um intercessor junto ao Pai, Jesus Cristo, o Justo." (1João 2.1)

Conclusão: O pecado teve origem no orgulho do querubim guardião, que se rebelou e passou a ser conhecido como Satanás ou Diabo. Ele entrou na humanidade pela desobediência de Adão e Eva. O pecado é a transgressão da Lei de Deus e trouxe separação, escravidão e morte. Toda a humanidade é afetada pelo pecado, destituída da glória de Deus e incapaz de alcançar a redenção por si mesma. Contudo, pela graça de Deus, há perdão, redenção e justificação em Cristo. O Espírito Santo capacita os que creem a vencer o pecado e viver em obediência, arrependimento e santidade para a glória de Deus.

CAPÍTULO 15

A salvação

Versículo-chave:

"Pois vocês são salvos pela graça, por meio da fé, e isto não vem de vocês, é dom de Deus."

Efésios 2.8

A NECESSIDADE DA SALVAÇÃO

1. Por que precisamos de salvação, segundo Ezequiel 18.20?

Resposta: Porque todo aquele que pecar morrerá, e toda a impiedade será cobrada dos pecadores.

Versículo: "Aquele que pecar é que morrerá. O filho não levará a culpa do pai, nem o pai levará a culpa do filho. A justiça do justo lhe será creditada, e a impiedade do ímpio lhe será cobrada." (Ezequiel 18.20)

O ARREPENDIMENTO

2. O que é arrependimento, conforme descrito em Atos 3.19?

Resposta: Arrependimento é uma mudança de mente e coração, é voltar-se para Deus e abandonar os pecados.

Versículo: "Arrependam-se, pois, e voltem-se para Deus, para que os seus pecados sejam cancelados." (Atos 3.19)

3. Por que o arrependimento é necessário, de acordo com Lucas 13.3?

Resposta: Porque sem arrependimento todos perecerão e serão condenados.

Versículo: "Eu lhes digo que não! Mas se não se arrependerem, todos vocês também perecerão." (Lucas 13.3)

4. Conforme 1João 1.9, que prática devemos adotar no processo de arrependimento?

Resposta: Confessar nossos pecados. Deus é fiel para perdoar-nos e purificar-nos de toda injustiça.

Versículo: "Se confessarmos os nossos pecados, ele é fiel e justo para perdoar os nossos pecados e nos purificar de toda injustiça." (1João 1.9)

5. O que acontece com quem confessa e abandona o pecado, conforme Provérbios 28.13?

Resposta: Alcança misericórdia e perdão.

Versículo: "Quem esconde os seus pecados não prospera, mas quem os confessa e os abandona encontra misericórdia." (Provérbios 28.13)

6. O que aprendemos sobre o arrependimento na história do filho pródigo, em Lucas 15.18?

Resposta: Aprendemos que o arrependimento envolve reconhecer o erro, decidir mudar de atitude e retornar humildemente ao Pai, confessando nossa culpa.

Versículo: "Eu me porei a caminho e voltarei para meu pai, e lhe direi: Pai, pequei contra o céu e contra ti." (Lucas 15.18)

A FÉ

7. O que é fé, segundo Hebreus 11.1?

Resposta: Fé é a certeza daquilo que esperamos e a prova das coisas que não vemos.

Versículo: "Ora, a fé é a certeza daquilo que esperamos e a prova das coisas que não vemos." (Hebreus 11.1)

8. Como a fé vem ao nosso coração, de acordo com Romanos 10.17?

Resposta: A fé vem ao ouvirmos a mensagem, e a mensagem é ouvida por meio da Palavra de Cristo.

Versículo: "Consequentemente, a fé vem por ouvir a mensagem, e a mensagem é ouvida mediante a palavra de Cristo." (Romanos 10.17)

9. Como podemos ser salvos, como exemplificado em Atos 16.31?

Resposta: Crendo no Senhor Jesus.

Versículo: "Eles responderam: 'Creia no Senhor Jesus, e serão salvos, você e os de sua casa'." (Atos 16.31)

A SALVAÇÃO

10. Qual é a porta de acesso para a salvação, conforme João 10.9?

Resposta: Jesus é a porta. Quem entrar por ele será salvo.

Versículo: "Eu sou a porta; quem entra por mim será salvo. Entrará e sairá, e encontrará pastagem." (João 10.9)

11. Como Deus demonstrou seu amor por nós para nossa salvação, segundo João 3.16?

Resposta: Deus enviou seu Filho Unigênito para que todo aquele que nele crê tenha a vida eterna.

Versículo: "Porque Deus tanto amou o mundo que deu o seu Filho Unigênito, para que todo o que nele crer não pereça, mas tenha a vida eterna." (João 3.16)

12. O que precisa ser feito para receber a salvação, de acordo com Romanos 10.9?

Resposta: Para ser salvo, é necessário confessar com a boca que Jesus é Senhor e crer no coração que Deus o ressuscitou dentre os mortos.

Versículo: "Se você confessar com a sua boca que Jesus é Senhor e crer em seu coração que Deus o ressuscitou dentre os mortos, será salvo." (Romanos 10.9)

A GRAÇA

13. Qual é o dom gratuito de Deus, segundo Romanos 6.23?

Resposta: O dom gratuito de Deus é a vida eterna em Cristo Jesus.

Versículo: "Pois o salário do pecado é a morte, mas o dom gratuito de Deus é a vida eterna em Cristo Jesus, nosso Senhor." (Romanos 6.23)

14. Como somos salvos, segundo Efésios 2.8?

Resposta: Pela graça, por meio da fé, e isso é um dom de Deus.

Versículo: "Pois vocês são salvos pela graça, por meio da fé, e isto não vem de vocês, é dom de Deus." (Efésios 2.8)

15. O que é graça, conforme Romanos 3.24?

Resposta: Graça é o favor imerecido de Deus, que nos justifica por meio de Jesus Cristo.

Versículo: "Sendo justificados gratuitamente por sua graça, por meio da redenção que há em Cristo Jesus." (Romanos 3.24)

A JUSTIFICAÇÃO

16. Segundo Romanos 5.1, como alguém é justificado? Qual é o resultado?

Resposta: Somos justificados pela fé em Jesus, e o resultado é ter paz com Deus.

Versículo: "Tendo sido, pois, justificados pela fé, temos paz com Deus, por nosso Senhor Jesus Cristo." (Romanos 5.1)

17. De acordo com Romanos 3.20, a justificação não é resultado de quê?

Resposta: Não é resultado das obras da Lei, mas da graça de Deus por meio da fé.

Versículo: "Portanto, ninguém será declarado justo diante dele baseando-se na obediência à Lei, pois é mediante a Lei que nos tornamos plenamente conscientes do pecado." (Romanos 3.20)

18. Qual é o benefício de quem está em Cristo, conforme Romanos 8.1?

Resposta: Não há condenação para os que estão em Cristo Jesus.

Versículo: "Portanto, agora já não há condenação para os que estão em Cristo Jesus." (Romanos 8.1)

19. O que significa ser justificado, segundo Gálatas 2.16?

Resposta: Ser declarado justo por Deus, não por obras, mas pela fé em Cristo.

Versículo: "Sabemos que ninguém é justificado pela prática da Lei, mas mediante a fé em Jesus Cristo. Assim, nós também cremos em Cristo Jesus para sermos justificados pela fé em Cristo, e não pela prática da Lei, porque pela prática da Lei ninguém será justificado." (Gálatas 2.16)

> *Conclusão*: A salvação é um dom gratuito da graça de Deus, oferecido a todos os que creem em Cristo. Ela exige arrependimento genuíno e fé sincera e resulta na

justificação, paz com Deus e transformação em uma nova criação. Pela obra redentora de Jesus, somos libertos do poder do pecado, reconciliados com Deus e capacitados a viver em santidade. Essa salvação não depende de nossos méritos, mas da graça imensurável de Deus, revelada em seu amor eterno. Que vivamos para sua glória, respondendo com fé e obediência.

Capítulo 16

O perdão

Versículo-chave:

"Se confessarmos os nossos pecados, ele é fiel e justo para perdoar os nossos pecados e nos purificar de toda injustiça."

1João 1.9

A ORIGEM DO PERDÃO

1. De onde vem o perdão, segundo Isaías 55.7?

Resposta: O perdão vem do Senhor, que é abundante em misericórdia e perdoa generosamente.

Versículo: "Que o ímpio abandone o seu caminho, e o homem mau, os seus pensamentos. Volte-se ele para o Senhor, *que terá misericórdia dele; volte-se para o nosso Deus, pois ele dá de bom grado o seu perdão." (Isaías 55.7)*

2. O que motivou Deus a oferecer perdão, de acordo com João 3.16?

Resposta: O perdão foi motivado pelo amor de Deus, que deu seu Filho para pagar o preço do pecado e conceder vida eterna a todo o que nele crer.

Versículo: "Porque Deus tanto amou o mundo que deu o seu Filho Unigênito, para que todo o que nele crer não pereça, mas tenha a vida eterna." (João 3.16)

O PERDÃO MANIFESTO

3. Como o perdão foi manifestado, segundo Mateus 26.28?

Resposta: Foi manifestado por meio do sangue de Jesus.

Versículo: "Isto é o meu sangue da aliança, que é derramado em favor de muitos, para perdão de pecados." (Mateus 26.28)

4. Como temos o perdão dos pecados em Cristo, de acordo com Efésios 1.7?

Resposta: O perdão dos pecados e a redenção nos foram concedidos por meio do sangue de Jesus.

Versículo: "Nele temos a redenção por meio de seu sangue, o perdão dos pecados, de acordo com as riquezas da graça de Deus." (Efésios 1.7)

5. Quem intercede por nós para assegurar o nosso perdão, conforme 1João 2.1-2?

Resposta: Jesus Cristo, que é nosso advogado junto ao Pai e a propiciação pelos nossos pecados.

Versículo: "Meus filhinhos, escrevo-lhes estas coisas para que vocês não pequem. Se, porém, alguém pecar, temos um intercessor junto ao Pai, Jesus Cristo, o Justo. Ele é a propiciação pelos nossos pecados, e não somente pelos nossos, mas também pelos pecados de todo o mundo." (1João 2.1-2)

6. Como Deus lida com os pecados de seus filhos, segundo Miqueias 7.18-19?

Resposta: Deus perdoa, esquece as transgressões e lança os pecados no mar do esquecimento.

Versículo: "De novo terás compaixão de nós; pisarás as nossas maldades e atirarás todos os nossos pecados nas profundezas do mar." (Miqueias 7.19)

7. Quem pode receber o perdão de Deus, conforme Atos 10.43?

Resposta: Todo aquele que crê em Cristo recebe o perdão dos pecados.

Versículo: "Todos os profetas dão testemunho dele, de que todo o que nele crê recebe o perdão dos pecados mediante o seu nome." (Atos 10.43)

A NECESSIDADE DA CONFISSÃO

8. Como podemos obter perdão de Deus, segundo 1João 1.9?

Resposta: Confessando nossos pecados, pois Deus é fiel e justo para nos perdoar e purificar.

Versículo: "Se confessarmos os nossos pecados, ele é fiel e justo para perdoar os nossos pecados e nos purificar de toda injustiça." (1João 1.9)

9. Qual é o resultado de confessar e abandonar os pecados, segundo Provérbios 28.13?

Resposta: Quem confessa e abandona os pecados encontra misericórdia.

Versículo: "Quem esconde os seus pecados não prospera, mas quem os confessa e os abandona encontra misericórdia." (Provérbios 28.13)

O PERDÃO QUE TRANSFORMA

10. O que o perdão faz na vida dos que creem, de acordo com Colossenses 1.13-14?

Resposta: Ele nos liberta do domínio das trevas e nos transporta para o Reino de Cristo.

Versículo: "Pois ele nos resgatou do domínio das trevas e nos transportou para o Reino do seu Filho amado, em quem temos a redenção, a saber, o perdão dos pecados." (Colossenses 1.13-14)

11. Qual é o resultado de estar em Cristo, conforme 2Coríntios 5.17?

Resposta: Tornamo-nos uma nova criação; as coisas antigas já passaram.

Versículo: "Portanto, se alguém está em Cristo, é nova criação. As coisas antigas já passaram; eis que surgiram coisas novas!" (2Coríntios 5.17)

O PERDÃO AO PRÓXIMO

12. Por que devemos perdoar, segundo Efésios 4.32?

Resposta: Porque Deus nos perdoou em Cristo e nos chama a fazer o mesmo.

Versículo: "Sejam bondosos e compassivos uns para com os outros, perdoando-se mutuamente, assim como Deus os perdoou em Cristo." (Efésios 4.32)

13. Quantas vezes devemos perdoar, segundo Mateus 18.21-22?

Resposta: Setenta vezes sete, ou seja, inúmeras vezes, ou quantas vezes forem necessárias.

Versículo: "Então Pedro aproximou-se de Jesus e perguntou: 'Senhor, quantas vezes deverei perdoar a meu irmão quando ele pecar contra mim? Até sete vezes?' Jesus respondeu: 'Eu lhe digo: Não até sete, mas até setenta vezes sete'." (Mateus 18.21-22)

A PRIORIDADE DO PERDÃO

14. O que devemos fazer antes de oferecer algo a Deus, conforme Mateus 5.23-24?

Resposta: Reconciliarmo-nos com o nosso irmão por meio do perdão.

Versículo: "Portanto, se você estiver apresentando sua oferta diante do altar e ali se lembrar de que seu irmão tem algo contra você, deixe sua oferta ali, diante do altar, e vá primeiro reconciliar-se com seu irmão; depois volte e apresente sua oferta." (Mateus 5.23-24)

15. Qual é a relação entre perdoar e receber perdão, segundo Marcos 11.25?

Resposta: Devemos perdoar para que o Pai celestial nos perdoe.

Versículo: "E quando estiverem orando, se tiverem alguma coisa contra alguém, perdoem-no, para que também o Pai celestial lhes perdoe os seus pecados." (Marcos 11.25)

> *Conclusão*: O perdão é a expressão do amor e da misericórdia de Deus, revelado plenamente em Cristo Jesus. Ele restaura nossa comunhão com Deus, nos purifica de nossos pecados e nos liberta da culpa. Por meio do arrependimento e confissão, encontramos graça e redenção no sacrifício de Jesus. O perdão transforma nossa vida, nos chama a perdoar o próximo e reflete o caráter de Deus em nossas atitudes. Ele é a base para a reconciliação com Deus e com os outros, traz paz, renovação e esperança de vida eterna.

Capítulo 17

A identidade cristã

Versículo-chave:

"Portanto, se alguém está em Cristo, é nova criação. As coisas antigas já passaram; eis que surgiram coisas novas!"

2Coríntios 5.17

A IMAGEM DE DEUS

1. Qual é a origem da nossa identidade como seres humanos, segundo Gênesis 1.27?

Resposta: Fomos criados à imagem e semelhança de Deus, como homem e mulher, refletindo seu caráter.

Versículo: "Criou Deus o homem à sua imagem, à imagem de Deus o criou; homem e mulher os criou." (Gênesis 1.27)

2. Por que podemos louvar a Deus pela nossa criação, conforme escrito em Salmos 139.14?

Resposta: Porque ele nos fez de maneira especial e admirável e demonstrou sua obra maravilhosa em nós.

Versículo: "Eu te louvo porque me fizeste de modo especial e admirável. Tuas obras são maravilhosas! Digo isso com convicção." (Salmos 139.14)

A IDENTIDADE RESTAURADA

3. O que significa estar em Cristo, conforme 2Coríntios 5.17?

Resposta: Significa que, ao estar em Cristo, nos tornamos uma nova criação: o passado é deixado para trás e tudo é renovado.

Versículo: "Portanto, se alguém está em Cristo, é nova criação. As coisas antigas já passaram; eis que surgiram coisas novas!" (2Coríntios 5.17)

4. Como nos tornamos filhos de Deus, segundo Gálatas 3.26?

Resposta: Somos filhos de Deus mediante a fé em Cristo Jesus.

Versículo: "Todos vocês são filhos de Deus mediante a fé em Cristo Jesus." (Gálatas 3.26)

5. O que acontece conosco ao sermos lavados em Cristo, de acordo com 1Coríntios 6.11?

Resposta: Somos lavados, santificados e justificados no nome de Jesus Cristo e no Espírito Santo.

Versículo: "Assim foram alguns de vocês. Mas vocês foram lavados, foram santificados, foram justificados no nome do Senhor Jesus Cristo e no Espírito de nosso Deus." (1Coríntios 6.11)

A FILIAÇÃO DIVINA

6. O que significa ser chamado filho de Deus, segundo 1João 3.1a?

Resposta: É uma demonstração do grande amor de Deus, pois ele nos fez seus filhos.

Versículo: "Vejam como é grande o amor que o Pai nos concedeu: sermos chamados filhos de Deus, o que de fato somos!" (1João 3.1a)

7. Qual é o nosso privilégio como filhos de Deus, descrito em Romanos 8.16-17a?

Resposta: O Espírito Santo confirma que somos filhos de Deus; por isso, somos herdeiros de Deus e coerdeiros com Cristo.

Versículo: "O próprio Espírito testemunha ao nosso espírito que somos filhos de Deus. Se somos filhos, então somos herdeiros; herdeiros de Deus e co-herdeiros com Cristo." (Romanos 8.16-17a)

8. Como nos tornamos participantes da família de Deus, segundo Efésios 1.5?

Resposta: Fomos adotados como filhos por meio de Jesus Cristo, de acordo com sua vontade e amor.

Versículo: "Em amor nos predestinou para sermos adotados como filhos, por meio de Jesus Cristo, conforme o bom propósito da sua vontade." (Efésios 1.5)

O CORPO DE CRISTO

9. O que significa ser membro do Corpo de Cristo, segundo 1Coríntios 12.27?

Resposta: Significa que somos parte da Igreja de Jesus e cada um de nós, como membro, tem uma função específica e interdependente.

Versículo: "Ora, vocês são o corpo de Cristo, e cada um de vocês, individualmente, é membro desse corpo." (1Coríntios 12.27)

10. Qual é a unidade que compartilhamos em Cristo, conforme Efésios 4.4-6?

Resposta: Compartilhamos um só corpo, um só Espírito, uma só esperança, um só Senhor, uma só fé, um só batismo e um só Deus e Pai de todos.

Versículo: "Há um só corpo e um só Espírito, assim como a esperança para a qual vocês foram chamados é uma só; há um só Senhor, uma só fé, um só batismo, um só Deus e Pai de todos, que é sobre todos, por meio de todos e em todos." (Efésios 4.4-6)

11. Qual é a nossa identidade espiritual em Cristo, descrita em 1Pedro 2.9?

Resposta: Somos geração eleita, sacerdócio real, nação santa e povo exclusivo de Deus.

Versículo: "Vocês, porém, são geração eleita, sacerdócio real, nação santa, povo exclusivo de Deus, para anunciar as grandezas daquele que os chamou das trevas para a sua maravilhosa luz." (1Pedro 2.9)

12. A quem pertencemos, de acordo com João 17.16?

Resposta: Como Jesus, não somos do mundo, mas pertencemos a Deus.

Versículo: "Eles não são do mundo, como eu também não sou." (João 17.16)

13. Como somos santificados, segundo João 17.17?

Resposta: Somos santificados pela verdade, que é a Palavra de Deus.

Versículo: "Santifica-os na verdade; a tua palavra é a verdade." (João 17.17)

A HERANÇA ETERNA

14. De acordo com Filipenses 3.20, onde está nossa cidadania?

Resposta: Nossa cidadania está nos Céus, de onde aguardamos a volta de Jesus Cristo.

Versículo: "A nossa cidadania, porém, está nos céus, de onde esperamos ansiosamente o Salvador, o Senhor Jesus Cristo." (Filipenses 3.20)

15. O que significa ser coerdeiros com Cristo, como descrito em Romanos 8.17?

Resposta: Significa que, como filhos de Deus, nós compartilhamos da herança celestial que Cristo recebeu, pois ele é o primogênito entre muitos irmãos.

Versículo: "Se somos filhos, então somos herdeiros; herdeiros de Deus e co-herdeiros com Cristo, se de fato participamos dos seus sofrimentos, para que também participemos da sua glória." (Romanos 8.17)

16. Qual é a nossa herança em Cristo, segundo 1Pedro 1.3-4?

Resposta: Nossa herança é incorruptível e está muito bem guardada nos Céus para nós.

Versículo: "Bendito seja o Deus e Pai de nosso Senhor Jesus Cristo! Conforme a sua grande misericórdia, ele nos regenerou para uma esperança viva, por meio da ressurreição de Jesus Cristo dentre os mortos, para uma herança que jamais poderá perecer, macular-se ou perder o seu valor. Herança guardada nos céus para vocês." (1Pedro 1.3-4)

A REPRESENTAÇÃO DE CRISTO

17. Qual é o nosso papel em Cristo, de acordo com 2Coríntios 5.20?

Resposta: Embaixadores de Cristo, representantes do Rei eterno neste mundo, fazendo o apelo de Deus ao mundo para a reconciliação.

Versículo: "Portanto, somos embaixadores de Cristo, como se Deus estivesse fazendo o seu apelo por nosso intermédio. Por amor a Cristo lhes suplicamos: Reconciliem-se com Deus." (2Coríntios 5.20)

18. Por que somos chamados "luz do mundo" em Mateus 5.14?

Resposta: Porque refletimos a luz de Cristo, que habita em nós, por meio de nossas ações e testemunho ao mundo.

Versículo: "Vocês são a luz do mundo. Não se pode esconder uma cidade construída sobre um monte." (Mateus 5.14)

> *Conclusão*: Nossa identidade está enraizada em Deus, que nos criou à sua imagem e nos redimiu em Cristo. Como filhos de Deus, membros do Corpo de Cristo e herdeiros da vida eterna, somos chamados a viver em santidade, separados para Deus e dedicados a refletir sua glória. Somos representantes de Cristo neste mundo, anunciamos a reconciliação e a luz divina. Essa identidade nos dá segurança, propósito e esperança, capacita-nos a viver como cidadãos do Céu e participantes de uma herança eterna, aguardando o retorno do nosso Salvador.

Capítulo 18

A nova aliança

Versículo-chave:

"'Esta é a aliança que farei com eles, depois daqueles dias, diz o Senhor. Porei as minhas leis em seu coração e as escreverei em sua mente."

Hebreus 10.16

A PROMESSA DA NOVA ALIANÇA

1. O que Jeremias profetizou sobre a nova aliança, em Jeremias 31.31,33b?

Resposta: Que Deus faria uma nova aliança, escreveria sua Lei no coração das pessoas e seria o Deus delas.

Versículo: "'Estão chegando os dias', declara o Senhor*, 'quando farei uma nova aliança com a comunidade de Israel e com a comunidade de Judá. [...] 'Porei a minha lei no íntimo deles e a escreverei nos seus corações. Serei o Deus deles, e eles serão o meu povo'." (Jeremias 31.31,33b)*

2. Qual transformação é prometida em Ezequiel 36.26-27 sobre a nova aliança?

Resposta: Deus promete dar um novo coração e colocar seu Espírito nas pessoas, e assim, elas serão capacitadas a obedecer a Deus.

Versículo: "Darei a vocês um coração novo e porei um espírito novo em vocês; tirarei de vocês o coração de pedra e lhes darei um coração de carne. Porei o meu Espírito em vocês e os levarei a agirem segundo os meus decretos e a obedecerem fielmente às minhas leis." (Ezequiel 36.26-27)

A NOVA ALIANÇA ESTABELECIDA

3. O que Jesus declarou sobre a nova aliança na última ceia em Lucas 22.20?

Resposta: A nova aliança foi estabelecida pelo sangue de Jesus, derramado para o perdão dos pecados.

Versículo: "Da mesma forma, depois da ceia, tomou o cálice, dizendo: 'Este cálice é a nova aliança no meu sangue, derramado em favor de vocês'." (Lucas 22.20)

4. Qual é o papel de Jesus na nova aliança, de acordo com Hebreus 9.15?

Resposta: Jesus é o mediador da nova aliança e, assim, garante a promessa da herança eterna aos chamados.

Versículo: "Por essa razão, Cristo é o mediador de uma nova aliança para que os que são chamados recebam a promessa da herança eterna, visto que ele morreu como resgate pelas transgressões cometidas sob a primeira aliança." (Hebreus 9.15)

5. Como o ministério de Jesus é descrito em relação à nova aliança em Hebreus 8.6?

Resposta: O ministério de Jesus é superior, como a nova aliança é superior à antiga aliança porque está baseada em promessas superiores.

Versículo: "Agora, porém, o ministério que Jesus recebeu é superior ao deles, assim como também a aliança da qual ele é mediador é superior à antiga, sendo baseada em promessas superiores." (Hebreus 8.6)

A NOVA ALIANÇA É SUPERIOR

6. O que é diferente na nova aliança em relação à Lei, conforme Hebreus 10.16?

Resposta: Na nova aliança, Deus escreve suas leis no coração e na mente do povo.

Versículo: "Esta é a aliança que farei com eles depois daqueles dias, diz o Senhor. Porei as minhas leis em seu coração e as escreverei em sua mente." (Hebreus 10.16)

7. O que acontece com a antiga aliança, de acordo com Hebreus 8.13?

Resposta: A antiga aliança torna-se obsoleta e está a ponto de desaparecer.

Versículo: "Chamando 'nova' esta aliança, ele tornou antiquada a primeira; e o que se torna antiquado e envelhecido está a ponto de desaparecer." (Hebreus 8.13)

8. Por que a nova aliança é chamada de superior em Hebreus 7.22?

Resposta: Porque Jesus, o filho de Deus que morreu e ressuscitou para salvar os perdidos, é a garantia de uma aliança superior.

Versículo: "Jesus tornou-se, por isso mesmo, a garantia de uma aliança superior." (Hebreus 7.22)

O PERDÃO NA NOVA ALIANÇA

9. Como Deus lida com os pecados na nova aliança, de acordo com Hebreus 10.17-18?

Resposta: Deus não se lembra mais dos pecados perdoados e elimina a necessidade de sacrifícios adicionais.

Versículo: "'Dos seus pecados e iniquidades não me lembrarei mais'. Onde esses pecados foram perdoados, não há mais necessidade de sacrifício por eles." (Hebreus 10.17-18)

10. Qual é a ação do sangue de Jesus na nova aliança, conforme 1João 1.7?

Resposta: O sangue de Jesus nos purifica de todo pecado.

Versículo: "Se, porém, andarmos na luz, como ele está na luz, temos comunhão uns com os outros, e o sangue de Jesus, seu Filho, nos purifica de todo pecado." (1João 1.7)

A UNIVERSALIDADE DA NOVA ALIANÇA

11. Qual é a abrangência da nova aliança em Mateus 28.19?

Resposta: A nova aliança está posta para todas as nações; todo aquele que crer e for batizado fará parte da família de Deus.

Versículo: "Portanto, vão e façam discípulos de todas as nações, batizando-os em nome do Pai e do Filho e do Espírito Santo." (Mateus 28.19)

12. De acordo com Efésios 2.13, como os gentios foram incluídos na nova aliança?

Resposta: Os gentios foram aproximados por meio do sangue de Cristo.

Versículo: "Mas agora, em Cristo Jesus, vocês, que antes estavam longe, foram aproximados mediante o sangue de Cristo." (Efésios 2.13)

13. Qual é o chamado do povo de Deus na nova aliança expresso em 1Pedro 2.9?

Resposta: Proclamar as grandezas de Deus, como nação santa e povo exclusivo dele.

Versículo: "Vocês, porém, são geração eleita, sacerdócio real, nação santa, povo exclusivo de Deus, para anunciar as grandezas daquele que os chamou das trevas para a sua maravilhosa luz." (1Pedro 2.9)

O ESPÍRITO SANTO NA NOVA ALIANÇA

14. Efésios 1.13-14 diz que fomos selados pelo Espírito. O que significa isso?

Resposta: Significa que o selo do Espírito garante a nossa herança e a redenção do nosso corpo em Cristo.

Versículo: "Quando vocês ouviram e creram na palavra da verdade, o evangelho que os salvou, vocês foram selados em Cristo com o Espírito Santo da promessa, que é a garantia da nossa herança até a redenção daqueles que pertencem a Deus, para o louvor da sua glória." (Efésios 1.13-14)

15. Como devemos viver na nova aliança, segundo Gálatas 5.16?

Resposta: Devemos viver pelo Espírito, resistir aos desejos da carne e buscar andar na vontade de Deus.

Versículo: "Por isso digo: Vivam pelo Espírito, e de modo nenhum satisfarão os desejos da carne." (Gálatas 5.16)

16. Qual é o papel do Espírito Santo na nova aliança, segundo João 14.26?

Resposta: O Espírito Santo nos ensinará tudo o que precisamos saber e nos lembrará as palavras de Cristo.

Versículo: "Mas o Conselheiro, o Espírito Santo, que o Pai enviará em meu nome, lhes ensinará todas as coisas e lhes fará lembrar tudo o que eu lhes disse." (João 14.26)

A TRANSFORMAÇÃO NA NOVA ALIANÇA

17. Qual é o plano de Deus para seus filhos, expresso em Romanos 8.29?

Resposta: O plano é que sejam conformes à imagem de Cristo, refletindo seu caráter.

Versículo: "Pois aqueles que de antemão conheceu, também os predestinou para serem conformes à imagem de seu Filho, a fim de que ele seja o primogênito entre muitos irmãos." (Romanos 8.29)

> *Conclusão*: A nova aliança é a demonstração do amor e da graça de Deus, que cumpre suas promessas desde os tempos antigos. Estabelecida pelo sangue de Jesus, ela é superior à antiga, pois escreve a Lei de Deus em nosso coração, proporciona perdão completo e inclui todos os povos. Por meio da nova aliança, somos transformados em nova criação, guiados pelo Espírito Santo e selados com a promessa de herança eterna. Essa aliança restaura nosso relacionamento com Deus e nos capacita a viver para sua glória.

Capítulo 19

A Igreja

Versículo-chave:

"Ora, vocês são o corpo de Cristo, e cada um de vocês, individualmente, é membro desse corpo."

1Coríntios 12.27

A ORIGEM DA IGREJA

1. Quem é o fundador da Igreja, segundo Mateus 16.18?

Resposta: Jesus é o fundador da Igreja. Ele é a pedra sobre qual a sua Igreja é edificada.

Versículo: "E eu lhe digo que você é Pedro, e sobre esta pedra edificarei a minha igreja, e as portas do Hades não poderão vencê-la." (Mateus 16.18)

2. Qual é o fundamento da Igreja, segundo 1Coríntios 3.11?

Resposta: O único fundamento da Igreja é Jesus Cristo, e nenhum outro pode ser colocado.

Versículo: "Porque ninguém pode colocar outro alicerce além do que já está posto, que é Jesus Cristo." (1Coríntios 3.11)

3. Como a Igreja foi adquirida, conforme Atos 20.28?

Resposta: A Igreja foi comprada com o sangue de Cristo, o que mostra o valor infinito que ela tem para Deus.

Versículo: "Cuidem de vocês mesmos e de todo o rebanho sobre o qual o Espírito Santo os colocou como bispos, para pastorearem a igreja de Deus, que ele comprou com o seu próprio sangue." (Atos 20.28)

A NATUREZA DA IGREJA

4. O que significa o Corpo de Cristo, de acordo com 1Coríntios 12.27?

Resposta: A Igreja é o Corpo de Cristo, composta por muitos membros que servem de maneiras diferentes, mas todos fazem parte de uma só unidade.

Versículo: "Ora, vocês são o corpo de Cristo, e cada um de vocês, individualmente, é membro desse corpo." (1Coríntios 12.27)

5. Quem é a cabeça da Igreja, segundo Efésios 1.22-23?

Resposta: Cristo é a cabeça da Igreja, que é o seu corpo, e ele governa sobre todas as coisas.

Versículo: "Deus colocou todas as coisas debaixo de seus pés e o designou cabeça de todas as coisas para a igreja, que é o seu corpo, a plenitude daquele que enche todas as coisas, em toda e qualquer circunstância." (Efésios 1.22-23)

6. O que significa ser templo de Deus, expresso em 1Coríntios 3.16?

Resposta: A Igreja é o templo de Deus porque o Espírito Santo habita nos seus membros.

Versículo: "Vocês não sabem que são santuário de Deus e que o Espírito de Deus habita em vocês?" (1Coríntios 3.16)

A MISSÃO DA IGREJA

7. Qual é a missão principal da Igreja, descrita em Mateus 28.19-20?

Resposta: Fazer discípulos de todas as nações, batizando-os e ensinando-os a obedecer à Palavra de Jesus.

Versículo: "Portanto, vão e façam discípulos de todas as nações, batizando-os em nome do Pai e do Filho e do Espírito Santo, ensinando-os a obedecer a tudo o que eu lhes ordenei. E eu estarei sempre com vocês, até o fim dos tempos." (Mateus 28.19-20)

8. Por que a Igreja deve anunciar as grandezas de Deus, segundo 1Pedro 2.9?

Resposta: Porque somos geração eleita e fomos chamados para proclamar a glória de Deus, que nos tirou das trevas para a luz.

Versículo: "Vocês, porém, são geração eleita, sacerdócio real, nação santa, povo exclusivo de Deus, para anunciar as grandezas daquele que os chamou das trevas para a sua maravilhosa luz." (1Pedro 2.9)

9. Como a Igreja deve ser luz para o mundo, conforme Mateus 5.14-16?

Resposta: A Igreja deve brilhar com boas obras que glorifiquem a Deus diante das pessoas.

Versículo: "Vocês são a luz do mundo. Não se pode esconder uma cidade construída sobre um monte. E, também, ninguém acende uma candeia e a coloca debaixo de uma vasilha. Ao contrário, coloca-a no lugar apropriado, e assim ilumina a todos os que estão na casa. Assim brilhe a luz de vocês diante dos homens, para que vejam as suas boas obras e glorifiquem ao Pai de vocês, que está nos céus." (Mateus 5.14-16)

A UNIDADE DA IGREJA

10. Qual é a base da unidade da Igreja, segundo Efésios 4.4-6?

Resposta: A unidade da Igreja está fundamentada em um só Senhor, uma só fé, um só batismo e um só Deus e Pai de todos.

Versículo: "Há um só corpo e um só Espírito, assim como a esperança para a qual vocês foram chamados é uma só; há um só Senhor, uma só fé, um só batismo, um só Deus e Pai de todos, que é sobre todos, por meio de todos e em todos." (Efésios 4.4-6)

11. Como o amor promove a unidade, de acordo com Colossenses 3.14-15?

Resposta: O amor é o elo perfeito que une a Igreja em paz e harmonia.

Versículo: "Acima de tudo, porém, revistam-se do amor, que é o elo perfeito. Que a paz de Cristo seja o juiz em seu coração, visto que vocês foram chamados para viver em paz, como membros de um só corpo. E sejam agradecidos." (Colossenses 3.14-15)

12. Em 1Coríntios 12.12, a Igreja é comparada a quê?

Resposta: A Igreja é comparada a um corpo que tem muitos membros que formam uma unidade.

Versículo: "Ora, assim como o corpo é uma unidade, embora tenha muitos membros, e todos os membros, mesmo sendo muitos, formam um só corpo, assim também com respeito a Cristo." (1Coríntios 12.12)

A VIDA DA IGREJA

13. O que significa ser um povo santo, segundo 1Pedro 2.9?

Resposta: Significa que fomos separados do pecado para Deus como sacerdócio real e nação santa.

Versículo: "Vocês, porém, são geração eleita, sacerdócio real, nação santa, povo exclusivo de Deus, para anunciar as grandezas daquele que os chamou das trevas para a sua maravilhosa luz." (1Pedro 2.9)

14. Como Cristo santifica a Igreja, conforme Efésios 5.25-27?

Resposta: Cristo santifica a Igreja por meio de seu sacrifício, torna-a santa, pura e sem manchas.

Versículo: "Maridos, ame cada um a sua mulher, assim como Cristo amou a igreja e entregou-se por ela para santificá-la [...] e apresentá-la a si mesmo como igreja gloriosa, sem mancha nem ruga ou coisa semelhante, mas santa e inculpável." (Efésios 5.25-27)

15. Para que Deus nos chamou, de acordo com 1Tessalonicenses 4.7?

Resposta: Deus nos chamou para a santidade, e isso implica abster-se de todo tipo de impureza.

Versículo: "Porque Deus não nos chamou para a impureza, mas para a santidade." (1Tessalonicenses 4.7)

16. Em Atos 2.42, temos um exemplo de igreja local reunida. O que eles estavam fazendo?

Resposta: A igreja se dedicava ao ensino, à comunhão, ao partir do pão e às orações.

Versículo: "Eles se dedicavam ao ensino dos apóstolos e à comunhão, ao partir do pão e às orações." (Atos 2.42)

17. Como a igreja deve lidar com as dificuldades dos irmãos, de acordo com Gálatas 6.2?

Resposta: Devemos levar os fardos uns dos outros, cumprindo a lei de Cristo.

Versículo: "Levem os fardos pesados uns dos outros e, assim, cumpram a lei de Cristo." (Gálatas 6.2)

O DESTINO DA IGREJA

18. Quem reinará com Deus, conforme descrito em Apocalipse 5.9-10?

Resposta: Aqueles que foram comprados com o sangue de Cristo, pessoas de toda tribo, língua, povo e nação, ou seja, a Igreja de Jesus.

Versículo: "E eles cantavam um cântico novo: 'Tu és digno de receber o livro e de abrir os seus selos, pois foste morto, e com teu sangue compraste para Deus gente de toda tribo, língua, povo e nação. Tu os constituíste reino e sacerdotes para o nosso Deus, e eles reinarão sobre a terra'." (Apocalipse 5.9-10)

19. Como a Igreja será apresentada no fim dos tempos, segundo Apocalipse 19.7?

Resposta: A Igreja será apresentada como a noiva de Cristo, pura e pronta para o casamento.

Versículo: "Regozijemo-nos! Vamos alegrar-nos e dar-lhe glória! Pois chegou a hora do casamento do Cordeiro, e a sua noiva já se aprontou." (Apocalipse 19.7)

20. Quem estará diante do trono de Deus, segundo Apocalipse 7.9?

Resposta: Uma multidão redimida de todas as nações, tribos, povos e línguas.

Versículo: "Depois disso olhei, e diante de mim estava uma grande multidão que ninguém podia contar, de todas as nações, tribos, povos e línguas, em pé, diante do trono e do Cordeiro, com vestes brancas e segurando palmas." (Apocalipse 7.9)

> *Conclusão*: A Igreja é o Corpo de Cristo, fundada por ele, santificada por seu sangue e chamada para proclamar sua glória. Como comunidade de fé, a Igreja deve viver em unidade, santidade e comunhão, guiada pelo Espírito Santo. Sua missão é levar o Evangelho a todas as nações, refletindo a luz de Cristo no mundo. A Igreja caminha com esperança, aguarda o dia em que será glorificada e se apresentará como a noiva de Cristo diante do trono de Deus, para reinar com ele eternamente.

Capítulo 20

A missão

Versículo-chave:

"Portanto, vão e façam discípulos de todas as nações, batizando-os em nome do Pai e do Filho e do Espírito Santo."

MATEUS 28.19

A ORIGEM DA MISSÃO

1. O que Deus nos revela em João 3.16?

Resposta: Que o amor de Deus pela humanidade é tão grande que ele enviou seu Filho para salvar o mundo.

Versículo: "Porque Deus tanto amou o mundo que deu o seu Filho Unigênito, para que todo o que nele crer não pereça, mas tenha a vida eterna." (João 3.16)

2. O que Deus faz em relação às ovelhas perdidas, descrito em Ezequiel 34.16?

Resposta: Deus busca as ovelhas perdidas, cura suas feridas e fortalece as fracas, demonstrando seu cuidado amoroso.

Versículo: "Procurarei as perdidas e trarei de volta as desviadas. Enfaixarei a que estiver ferida e fortalecerei a fraca, mas a rebelde e forte eu a destruirei. Apascentarei o rebanho com justiça." (Ezequiel 34.16)

3. Qual é o desejo de Deus para a humanidade, descrito em 2Pedro 3.9?

Resposta: Deus deseja que todos se arrependam e alcancem a salvação.

Versículo: "O Senhor não demora em cumprir a sua promessa, como julgam alguns. Ao contrário, ele é paciente com vocês, não querendo que ninguém pereça, mas que todos cheguem ao arrependimento." (2Pedro 3.9)

A GRANDE COMISSÃO

4. O que Jesus ordenou em Mateus 28.19-20?

Resposta: Jesus ordenou que fizéssemos discípulos de todas as nações, batizando-os e ensinando-os a obedecer a tudo o que ele ensinou. Essa ordem dada por Jesus é historicamente conhecida como a grande comissão.

Versículo: "Portanto, vão e façam discípulos de todas as nações, batizando-os em nome do Pai e do Filho e do Espírito Santo, ensinando-os a obedecer a tudo o que eu lhes ordenei. E eu estarei sempre com vocês, até o fim dos tempos." (Mateus 28.19-20)

5. A quem devemos proclamar o Evangelho, segundo Marcos 16.15?

Resposta: Devemos proclamar o Evangelho a todas as pessoas do mundo.

Versículo: "E disse-lhes: 'Vão pelo mundo todo e preguem o evangelho a todas as pessoas'." (Marcos 16.15)

6. Qual é o ministério que Deus nos confiou, conforme 2Coríntios 5.18-19?

Resposta: Deus nos confiou o ministério da reconciliação, isto é, levar outras pessoas a se reconciliarem com ele.

Versículo: "Tudo isso provém de Deus, que nos reconciliou consigo mesmo por meio de Cristo e nos deu o ministério da reconciliação, ou seja, que Deus em Cristo estava reconciliando consigo o mundo, não lançando em conta os pecados dos homens, e nos confiou a mensagem da reconciliação." (2Coríntios 5.18-19)

7. Conforme 1Pedro 2.9, o que Deus nos chama a fazer?

Resposta: Fomos chamados para anunciar as grandezas de Deus, que nos chamou das trevas para a luz.

Versículo: "Vocês, porém, são geração eleita, sacerdócio real, nação santa, povo exclusivo de Deus, para anunciar as grandezas daquele que os chamou das trevas para a sua maravilhosa luz." (1Pedro 2.9)

8. Por onde deve ser proclamada a glória de Deus, de acordo com Salmos 96.3?

Resposta: Os feitos e a glória de Deus devem ser proclamados entre as nações, entre todos os povos.

Versículo: "Anunciem a sua glória entre as nações, seus feitos maravilhosos entre todos os povos!" (Salmos 96.3)

A MOTIVAÇÃO PARA A MISSÃO

9. Qual deve ser a nossa motivação para cumprir a grande comissão, de acordo com 2Coríntios 5.14-15?

Resposta: A motivação deve ser o amor de Cristo, que nos constrange a viver para ele, que morreu e ressuscitou por nós.

Versículo: "Pois o amor de Cristo nos constrange, porque estamos convencidos de que um morreu por todos; logo, todos morreram. E ele morreu por todos para que aqueles que vivem já não vivam mais para si mesmos, mas para aquele que por eles morreu e ressuscitou." (2Coríntios 5.14-15)

10. O que precisamos fazer para sermos reconhecidos como discípulos de Jesus, conforme João 13.34-35?

Resposta: Precisamos amar uns aos outros como ele nos amou. Esse é o novo mandamento que Jesus nos deixou.

Versículo: "Um novo mandamento lhes dou: 'Amem-se uns aos outros. Como eu os amei, vocês devem amar-se uns aos outros. Com isso todos saberão que vocês são meus discípulos, se vocês se amarem uns aos outros'." (João 13.34-35)

O PODER PARA CUMPRIR A MISSÃO

11. Quem nos capacita para a missão, segundo Atos 1.8?

Resposta: O Espírito Santo nos capacita para sermos testemunhas eficazes de Cristo.

Versículo: "Mas receberão poder quando o Espírito Santo descer sobre vocês, e serão minhas testemunhas em Jerusalém, em toda a Judeia e Samaria, e até os confins da terra." (Atos 1.8)

12. Quem nos ensina e nos lembra das palavras de Jesus, segundo João 14.26?

Resposta: O Espírito Santo nos ensina e nos faz lembrar de tudo o que Jesus disse.

Versículo: "Mas o Conselheiro, o Espírito Santo, que o Pai enviará em meu nome, lhes ensinará todas as coisas e lhes fará lembrar tudo o que eu lhes disse." (João 14.26)

A MISSÃO NO COTIDIANO

13. Qual é a nossa responsabilidade como luz do mundo, de acordo com Mateus 5.14-16?

Resposta: Devemos deixar a luz de Cristo brilhar através de nós diante dos homens, para que glorifiquem a Deus por meio das boas obras que praticamos.

Versículo: "Vocês são a luz do mundo. Não se pode esconder uma cidade construída sobre um monte. E, também, ninguém acende uma candeia e a coloca debaixo de uma vasilha. Ao contrário, coloca-a no lugar apropriado, e assim ilumina a todos os que estão na casa. Assim brilhe a luz de vocês diante dos homens, para que vejam as suas boas obras e glorifiquem ao Pai de vocês, que está nos céus." (Mateus 5.14-16)

14. O que significa ser o sal da Terra como descrito em Mateus 5.13?

Resposta: Ser o sal da Terra significa influenciar o mundo com a verdade e o amor de Deus.

Versículo: "Vocês são o sal da terra. Mas se o sal perder o seu sabor, como restaurá-lo? Não servirá para nada, exceto para ser jogado fora e pisado pelos homens." (Mateus 5.13)

15. O que 2Coríntios 3.3 afirma que somos?

Resposta: Somos cartas vivas de Cristo, demonstramos o poder transformador do Espírito Santo em nossa vida.

Versículo: "Vocês demonstram que são uma carta de Cristo, resultado do nosso ministério, escrita não com tinta, mas com o Espírito do Deus vivo, não em tábuas de pedra, mas em tábuas de corações humanos." (2Coríntios 3.3)

O TÉRMINO DA MISSÃO

16. Segundo Mateus 24.14, em que momento a missão será considerada cumprida?

Resposta: O Evangelho será pregado em todo o mundo como testemunho a todas as nações, e então virá o fim.

Versículo: "E este evangelho do Reino será pregado em todo o mundo como testemunho a todas as nações, e então virá o fim." (Mateus 24.14)

17. Quem estará diante do trono de Deus, de acordo com Apocalipse 7.9-10?

Resposta: Uma multidão de todas as nações, tribos, povos e línguas estará diante do trono de Deus, resultado da grande comissão.

Versículo: "Depois disso olhei, e diante de mim estava uma grande multidão que ninguém podia contar, de todas as nações, tribos, povos e línguas, de pé, diante do trono e do Cordeiro, com vestes brancas e segurando palmas. E clamavam em alta voz: 'A salvação pertence ao nosso Deus, que se assenta no trono, e ao Cordeiro'." (Apocalipse 7.9-10)

18. E por fim, o que acontecerá com as pessoas, segundo Filipenses 2.10-11?

Resposta: No fim, todo joelho se dobrará e toda língua confessará que Jesus Cristo é o Senhor.

Versículo: "Para que ao nome de Jesus se dobre todo joelho, nos céus, na terra e debaixo da terra, e toda língua confesse que Jesus Cristo é o Senhor, para a glória de Deus Pai." (Filipenses 2.10-11)

> *Conclusão*: A missão que o Filho de Deus nos deixou revela seu amor e desejo de reconciliar a humanidade com ele. Jesus nos comissionou a ir ao mundo, proclamar o Evangelho e fazer discípulos. O Espírito Santo concede a capacitação necessária. Somos chamados a ser sal e luz neste mundo a fim de representarmos Cristo em cada aspecto de nossa vida. A missão é global, alcança todas as nações e culminará na adoração eterna diante do trono de Deus. Que vivamos para fazer Cristo conhecido e glorificado entre os povos.

Capítulo 21

O Reino de Deus

Versículo-chave:

"Busquem, pois, em primeiro lugar o Reino de Deus e a sua justiça, e todas essas coisas lhes serão acrescentadas."

Mateus 6.33

A NATUREZA DO REINO DE DEUS

1. O que Jesus ensina sobre a natureza do Reino de Deus em João 18.36?

Resposta: Jesus ensina que o Reino de Deus não é deste mundo, mas de uma esfera espiritual e eterna.

Versículo: "Disse Jesus: 'O meu Reino não é deste mundo. Se fosse, os meus servos lutariam para impedir que os judeus me prendessem. Mas agora o meu Reino não é daqui'." (João 18.36)

2. O que caracteriza o Reino de Deus em Romanos 14.17?

Resposta: O Reino de Deus é caracterizado por justiça, paz e alegria no Espírito Santo, e não por coisas materiais.

Versículo: "Pois o Reino de Deus não é comida nem bebida, mas justiça, paz e alegria no Espírito Santo." (Romanos 14.17)

3. Qual é a estabilidade do Reino de Deus, segundo Hebreus 12.28?

Resposta: O Reino de Deus é inabalável, por isso devemos adorar ao Senhor com reverência e gratidão.

Versículo: "Portanto, já que estamos recebendo um Reino inabalável, sejamos agradecidos e, assim, adoremos a Deus de modo aceitável, com reverência e temor." (Hebreus 12.28)

A CHEGADA DO REINO DE DEUS

4. O que Jesus proclamou sobre a chegada do Reino em Mateus 4.17?

Resposta: Jesus proclamou que o Reino de Deus estava próximo e chamou as pessoas ao arrependimento.

Versículo: "Daí em diante Jesus começou a pregar: 'Arrependam-se, pois o Reino dos céus está próximo'." (Mateus 4.17)

5. De acordo com Lucas 17.20-21, onde está o Reino de Deus?

Resposta: Jesus afirmou que o Reino de Deus está entre nós, mas não vem de forma visível.

Versículo: "Certa vez, tendo sido interrogado pelos fariseus sobre quando viria o Reino de Deus, Jesus respondeu: 'O Reino de Deus não vem de modo visível, nem se dirá: 'Aqui está ele', ou 'Lá está'; porque o Reino de Deus está entre vocês'."(Lucas 17.20-21)

6. Como o Reino de Deus se manifestou, de acordo com Mateus 12.28?

Resposta: O Reino de Deus chegou pela ação do Espírito, percebida na expulsão de demônios por Jesus.

Versículo: "Mas se é pelo Espírito de Deus que eu expulso demônios, então chegou a vocês o Reino de Deus." (Mateus 12.28)

A ENTRADA NO REINO DE DEUS

7. Qual é a condição para ver o Reino de Deus, expressa em João 3.3?

Resposta: É necessário nascer de novo para ver o Reino de Deus.

Versículo: "Em resposta, Jesus declarou: 'Digo-lhe a verdade: Ninguém pode ver o Reino de Deus, se não nascer de novo'." (João 3.3)

8. Como entramos no Reino de Deus, segundo Mateus 7.13-14?

Resposta: Entramos pelo caminho estreito que leva à vida eterna, embora poucos o encontrem.

Versículo: "Entrem pela porta estreita, pois larga é a porta e amplo o caminho que leva à perdição, e são muitos os que entram por ela. Como é estreita a porta, e apertado o caminho que leva à vida! São poucos os que a encontram." (Mateus 7.13-14)

9. Qual atitude é necessária para entrar no Reino, conforme Mateus 18.3?

Resposta: É necessário converter-se e tornar-se como uma criança para entrar no Reino dos Céus.

Versículo: "E disse: 'Eu lhes asseguro que, a não ser que vocês se convertam e se tornem como crianças, jamais entrarão no Reino dos céus'." (Mateus 18.3)

OS VALORES DO REINO DE DEUS

10. O que devemos buscar em primeiro lugar, segundo Mateus 6.33?

Resposta: Devemos buscar em primeiro lugar o Reino de Deus e a sua justiça.

Versículo: "Busquem, pois, em primeiro lugar o Reino de Deus e a sua justiça, e todas essas coisas lhes serão acrescentadas." (Mateus 6.33)

11. O que devemos pregar, de acordo com Atos 28.31?

Resposta: Devemos anunciar o Reino de Deus e ensinar sobre o Senhor Jesus Cristo.

Versículo: "Pregava o Reino de Deus e ensinava a respeito do Senhor Jesus Cristo, abertamente e sem impedimento algum." (Atos 28.31)

12. Pelo que devemos orar, segundo Mateus 6.10?

Resposta: Devemos orar pela vinda do Reino de Deus e pela realização da sua vontade na nossa vida.

Versículo: "Venha o teu Reino; seja feita a tua vontade, assim na terra como no céu." (Mateus 6.10)

13. Quem é o maior no Reino de Deus, conforme descrito em Mateus 20.26-27?

Resposta: O maior no Reino é aquele que serve com humildade.

Versículo: "Não será assim entre vocês. Ao contrário, quem quiser tornar-se importante entre vocês deverá ser servo, e quem quiser ser o primeiro deverá ser escravo." (Mateus 20.26-27)

14. De quem é o Reino dos Céus, segundo Mateus 5.3?

Resposta: O Reino dos Céus é dos pobres em espírito.

Versículo: "Bem-aventurados os pobres em espírito, pois deles é o Reino dos céus." (Mateus 5.3)

O CRESCIMENTO DO REINO DE DEUS

15. Como o Reino de Deus cresce, segundo Marcos 4.26-27?

Resposta: O Reino de Deus cresce como uma semente que germina, sem que saibamos exatamente como isso acontece.

Versículo: "Ele prosseguiu dizendo: 'O Reino de Deus é semelhante a um homem que lança a semente sobre a terra. Noite e dia, estando ele dormindo ou acordado, a semente germina e cresce, embora ele não saiba como'." (Marcos 4.26-27)

16. Com o que o Reino é comparado em Mateus 13.31-32?

Resposta: É comparado a um grão de mostarda, que é algo pequeno no início, mas cresce e se torna algo muito grande.

Versículo: "E contou-lhes outra parábola: 'O Reino dos céus é como um grão de mostarda que um homem plantou em seu campo. Embora seja a menor dentre todas as sementes, quando cresce torna-se uma das maiores plantas, e atinge a altura de uma árvore, de modo que as aves do céu vêm fazer os seus ninhos em seus ramos'." (Mateus 13.31-32)

17. Como o Reino se espalha, segundo Mateus 13.33?

Resposta: Espalha-se como o fermento que leveda toda a massa.

Versículo: "E contou-lhes ainda outra parábola: 'O Reino dos céus é como o fermento que uma mulher tomou e misturou com uma grande quantidade de farinha, e toda a massa ficou fermentada'." (Mateus 13.33)

O FUTURO DO REINO DE DEUS

18. O que acontecerá no fim dos tempos com o Reino, segundo Apocalipse 11.15?

Resposta: O Reino será plenamente estabelecido, e Cristo reinará para sempre.

Versículo: "O sétimo anjo tocou a sua trombeta, e houve fortes vozes nos céus que diziam: 'O reino do mundo se tornou de nosso Senhor e do seu Cristo, e ele reinará para todo o sempre'." (Apocalipse 11.15)

19. O que o Rei dirá aos justos no último dia, conforme Mateus 25.34?

Resposta: Ele os convidará a herdar o Reino preparado desde a criação do mundo.

Versículo: "Então o Rei dirá aos que estiverem à sua direita: 'Venham, benditos de meu Pai! Recebam como herança o Reino que lhes foi preparado desde a criação do mundo'." (Mateus 25.34)

20. O que Cristo fará com o Reino, segundo 1Coríntios 15.24?

Resposta: Cristo entregará o Reino ao Pai, depois de destruir todo domínio, autoridade e poder.

Versículo: "Então virá o fim, quando ele entregar o Reino a Deus, o Pai, depois de ter destruído todo domínio, autoridade e poder." (1Coríntios 15.24)

> *Conclusão*: O Reino de Deus é eterno, inabalável e centrado em justiça, paz e alegria. Ele foi proclamado por Jesus e já está presente entre nós, embora sua plenitude esteja reservada para o futuro. A entrada no Reino exige humildade, arrependimento e fé, e seus valores desafiadores nos chamam a buscar a Deus acima de tudo. Somos responsáveis por expandir o Reino por meio da pregação do Evangelho e da produção de frutos espirituais, enquanto aguardamos com esperança o dia em que o Reino será plenamente estabelecido e Cristo reinará para sempre.

Capítulo 22

A santificação

Versículo-chave:

"Esforcem-se para viver em paz com todos e para serem santos; sem santidade ninguém verá o Senhor."

HEBREUS 12.14

A JUSTIFICAÇÃO

Livre da condenação do pecado

1. Como somos justificados diante de Deus, conforme Romanos 5.1?

Resposta: Somos justificados pela fé em Jesus Cristo, o que nos dá paz com Deus.

Versículo: "Tendo sido, pois, justificados pela fé, temos paz com Deus, por nosso Senhor Jesus Cristo." (Romanos 5.1)

2. Quem não enfrentará a condenação, segundo Romanos 8.1?

Resposta: Aqueles que estão em Cristo Jesus não enfrentarão a condenação, porque foram justificados.

Versículo: "Portanto, agora já não há condenação para os que estão em Cristo Jesus." (Romanos 8.1)

3. O que significa ser justificado pela graça, de acordo com Tito 3.7?

Resposta: Ser justificado pela graça significa que somos declarados justos por Deus, não por nossos méritos humanos, mas por seu favor imerecido.

Versículo: "Ele o fez a fim de que, justificados por sua graça, nos tornemos seus herdeiros, tendo a esperança da vida eterna." (Tito 3.7)

4. De acordo com 2Coríntios 5.21, o que recebemos de Cristo?

Resposta: Recebemos a justiça de Deus, não pelo que fazemos, mas pela fé na obra redentora de Jesus na Cruz.

Versículo: "Deus tornou pecado por nós aquele que não tinha pecado, para que nele nos tornássemos justiça de Deus." (2Coríntios 5.21)

5. O que Deus estabeleceu, segundo Colossenses 1.20?

Resposta: Deus estabeleceu a paz conosco por meio do sangue de Cristo, reconciliando todas as coisas com ele.

Versículo: "E por meio dele reconciliou consigo todas as coisas, tanto as que estão na terra quanto as que estão nos céus, estabelecendo a paz pelo seu sangue derramado na cruz." (Colossenses 1.20)

A SANTIFICAÇÃO

Livre do poder do pecado

6. Quem realiza a obra de santificação, conforme 2Tessalonicenses 2.13b?

Resposta: Deus realiza a santificação por meio do Espírito Santo.

Versículo: "Porque desde o princípio Deus os escolheu para serem salvos mediante a obra santificadora do Espírito e a fé na verdade." (2Tessalonicenses 2.13b)

7. Como somos santificados, de acordo com João 17.17?

Resposta: Somos santificados pela verdade de Deus, que é a sua Palavra.

Versículo: "Santifica-os na verdade; a tua palavra é a verdade." (João 17.17)

8. O que significa crescer em santidade, conforme 2Coríntios 7.1?

Resposta: Significa purificar o corpo e o espírito de toda contaminação, crescendo em santidade no temor de Deus.

Versículo: "Amados, visto que temos essas promessas, purifiquemo-nos de tudo o que contamina o corpo e o espírito, aperfeiçoando a santidade no temor de Deus." (2Coríntios 7.1)

9. Qual é a vontade de Deus para nós, de acordo com 1Tessalonicenses 4.3?

Resposta: A vontade de Deus é que sejamos santificados e nos afastemos do pecado e da imoralidade sexual.

Versículo: "A vontade de Deus é que vocês sejam santificados: abstenham-se da imoralidade sexual." (1Tessalonicenses 4.3)

10. Como ocorre a transformação em nossa vida, descrita em Romanos 12.2?

Resposta: A transformação ocorre pela renovação da mente. Nós abandonamos o padrão deste mundo e nos conformamos à vontade de Deus.

Versículo: "Não se amoldem ao padrão deste mundo, mas transformem-se pela renovação da sua mente, para que sejam capazes de experimentar e comprovar a boa, agradável e perfeita vontade de Deus." (Romanos 12.2)

11. O que significa viver no Espírito, segundo Gálatas 5.16?

Resposta: Viver no Espírito é seguir na vida conforme a vontade de Deus e não satisfazer os desejos da carne.

Versículo: "Por isso digo: Vivam pelo Espírito, e de modo nenhum satisfarão os desejos da carne." (Gálatas 5.16)

12. Segundo Hebreus 10.10, por meio de quem nós somos santificados?

Resposta: Somos santificados pelo sacrifício de Cristo, oferecido de uma vez por todas.

Versículo: "Pelo cumprimento dessa vontade fomos santificados, por meio do sacrifício do corpo de Jesus Cristo, oferecido uma vez por todas." (Hebreus 10.10)

13. Quem completará a boa obra em nós, de acordo com Filipenses 1.6?

Resposta: Deus completará a obra que começou em nós, até o dia da volta de Cristo Jesus.

Versículo: "Estou convencido de que aquele que começou boa obra em vocês, vai completá-la até o dia de Cristo Jesus." (Filipenses 1.6)

14. Deus é poderoso para fazer o que com todo o nosso ser, segundo 1Tessalonicenses 5.23?

Resposta: Deus é poderoso para nos santificar completamente. Santificar o nosso espírito, a alma e o corpo.

Versículo: "Que o próprio Deus da paz os santifique inteiramente. Que todo o espírito, a alma e o corpo de vocês sejam preservados irrepreensíveis na vinda de nosso Senhor Jesus Cristo." (1Tessalonicenses 5.23)

A REDENÇÃO

Livre da presença do pecado

15. O que Deus fará com aqueles que justificou, segundo Romanos 8.30?

Resposta: Deus glorificará aqueles que justificou e completará sua obra redentora.

Versículo: "Aos que predestinou, também chamou; aos que chamou, também justificou; aos que justificou, também glorificou." (Romanos 8.30)

16. O que, em Romanos 8.23, aguardamos com esperança?

Resposta: Aguardamos a redenção do nosso corpo como filhos de Deus.

Versículo: "E não só isso, mas nós mesmos, que temos os primeiros frutos do Espírito, gememos interiormente, esperando ansiosamente nossa adoção como filhos, a redenção do nosso corpo." (Romanos 8.23)

17. O que vai acontecer conosco quando Cristo se manifestar, de acordo com 1João 3.2?

Resposta: Seremos semelhantes a Cristo e o veremos como ele é.

Versículo: "Amados, agora somos filhos de Deus, e ainda não se manifestou o que havemos de ser, mas sabemos que, quando ele se manifestar, seremos semelhantes a ele, pois o veremos como ele é." (1João 3.2)

18. O que acontecerá com o nosso corpo na ressurreição, segundo 1Coríntios 15.53?

Resposta: Nosso corpo corruptível será revestido de incorruptibilidade, ele será transformado, e estaremos livres da presença do pecado.

Versículo: "Pois é necessário que aquilo que é corruptível se revista de incorruptibilidade, e aquilo que é mortal, se revista de imortalidade." (1Coríntios 15.53)

19. Segundo Efésios 1.13-14, nós temos alguma garantia reservada para o dia da redenção?

Resposta: Sim, a nossa garantia é o Espírito Santo, que habita em nós e com o qual fomos selados no dia que cremos no Evangelho.

Versículo: "Quando vocês ouviram e creram na palavra da verdade, o evangelho que os salvou, vocês foram selados em Cristo com o Espírito Santo da promessa, que é a garantia da nossa herança até a redenção daqueles que pertencem a Deus, para o louvor da sua glória." (Efésios 1.13-14)

> *Conclusão*: A santificação é o processo pelo qual Deus nos separa do pecado e nos conforma à imagem de Cristo. Ela começa com a justificação, ao sermos declarados justos pela fé e ficarmos livres da condenação do pecado. A santificação continua com nossa transformação por meio do Espírito Santo, que nos liberta poderosamente, dia após dia, do poder do pecado. E o processo culminará no dia da redenção final, em que estaremos completamente livres da presença do pecado, glorificados com Cristo num corpo incorruptível. A santificação é uma obra completa de Deus, que nos chama a viver em santidade e perseverar até que a boa obra seja plenamente realizada para a glória de Deus.

Capítulo 23

A oração

Versículo-chave:

"Não andem ansiosos por coisa alguma, mas em tudo, pela oração e súplicas, e com ação de graças, apresentem seus pedidos a Deus."

Filipenses 4.6

O PRINCÍPIO DA ORAÇÃO

1. O que acontece quando buscamos a Deus com todo o coração, segundo Jeremias 29.12-13?

Resposta: Ao buscarmos a Deus com todo o coração, ele nos ouve e se deixa encontrar.

Versículo: "Então vocês clamarão a mim, virão orar a mim, e eu os ouvirei. Vocês me procurarão e me acharão quando me procurarem de todo o coração." (Jeremias 29.12-13)

2. Como o Senhor responde aos justos, de acordo com Salmos 34.15?

Resposta: O Senhor está atento ao grito de socorro dos justos e volta-se para eles.

Versículo: "Os olhos do SENHOR voltam-se para os justos, e os seus ouvidos estão atentos ao seu grito de socorro." (Salmos 34.15)

3. Como é a comunicação de Deus com seus servos, conforme o exemplo de Êxodo 33.11?

Resposta: Deus fala com seus servos de forma pessoal e íntima, como quem conversa com um amigo.

Versículo: "O SENHOR falava com Moisés face a face, como quem fala com seu amigo." (Êxodo 33.11)

O MODELO DA ORAÇÃO

4. O que Mateus 6.6 nos ensina referente à nossa postura ao orar?

Resposta: Devemos orar com sinceridade e privacidade, buscar a Deus no secreto.

Versículo: "Mas quando você orar, vá para seu quarto, feche a porta e ore a seu Pai, que está em secreto. Então seu Pai, que vê em secreto, o recompensará." (Mateus 6.6)

5. O que Jesus nos ensinou sobre oração em Mateus 6.9-10?

Resposta: Jesus nos ensinou a orar ao Deus Pai com reverência e gratidão, reconhecendo sua soberania e buscando a realização da sua vontade.

Versículo: "Vocês, orem assim: 'Pai nosso, que estás nos céus! Santificado seja o teu nome. Venha o teu Reino; seja feita a tua vontade, assim na terra como no céu'." (Mateus 6.9-10)

6. O que Jesus nos ensinou a pedir em Mateus 6.11?

Resposta: O pão nosso de cada dia, que representa nosso sustento diário e nossas necessidades fundamentais.

Versículo: "Dá-nos hoje o nosso pão de cada dia." (Mateus 6.11)

7. Em relação ao tema perdão, em Mateus 6.12, como Jesus nos instruiu a orar?

Resposta: Jesus nos instruiu a orar pedindo perdão das nossas dívidas semelhantemente ao perdão que temos entregado a quem nos deve.

Versículo: "Perdoa as nossas dívidas, assim como perdoamos aos nossos devedores." (Mateus 6.12)

8. Em relação às tentações desta era, em Mateus 6.13a, como Jesus nos ensina a orar?

Resposta: Precisamos pedir ajuda para evitar a nossa queda diante das tentações e para que Deus intervenha e nos livre de todo o mal.

Versículo: "E não nos deixes cair em tentação, mas livra-nos do mal" (Mateus 6.13a)

9. O que nos é ensinado em relação à oração, em Mateus 6.13b?

Resposta: Somos ensinados a exaltar a grandeza do nosso Deus, reconhecendo seu poder, sua glória e o seu Reino.

Versículo: "Porque teu é o Reino, o poder e a glória para sempre. Amém." (Mateus 6.13b)

10. O que devemos fazer quando estamos ansiosos, conforme Filipenses 4.6?

Resposta: Devemos apresentar nossos pedidos e preocupações a Deus, em orações, súplicas e ações de graças.

Versículo: "Não andem ansiosos por coisa alguma, mas em tudo, pela oração e súplicas, e com ação de graças, apresentem seus pedidos a Deus." (Filipenses 4.6)

O PODER DA ORAÇÃO

11. Qual é o poder que a oração feita com fé tem, conforme Marcos 11.24?

Resposta: Tudo o que pedimos com fé, em oração, sem duvidar, crendo que recebemos, nos será concedido por Deus.

Versículo: "Portanto, eu lhes digo: Tudo o que vocês pedirem em oração, creiam que já o receberam, e assim lhes sucederá." (Marcos 11.24)

12. Qual é o efeito da oração do justo, segundo Tiago 5.16b?

Resposta: A oração do justo é poderosa e eficaz.

Versículo: "A oração de um justo é poderosa e eficaz." (Tiago 5.16b)

13. O que acontece quando clamamos ao Senhor, de acordo com Salmos 50.15?

Resposta: Deus nos livrará dos nossos momentos de angústia e será honrado e glorificado por nós.

Versículo: "Clame a mim no dia da angústia; eu o livrarei, e você me honrará." (Salmos 50.15)

A ATITUDE NA ORAÇÃO

14. O que é necessário para agradar a Deus, de acordo com Hebreus 11.6?

Resposta: Para agradar a Deus, é necessário ter fé e acreditar que ele recompensa quem o busca em oração.

Versículo: "Sem fé é impossível agradar a Deus, pois quem dele se aproxima precisa crer que ele existe e que recompensa aqueles que o buscam." (Hebreus 11.6)

15. Em nome de quem devemos orar, segundo João 14.13-14?

Resposta: Devemos orar em nome de Jesus, para que o Pai seja glorificado no Filho.

Versículo: "E eu farei o que vocês pedirem em meu nome, para que o Pai seja glorificado no Filho. O que vocês pedirem em meu nome, eu farei." (João 14.13-14)

16. O que devemos buscar na oração, conforme Lucas 22.42?

Resposta: Devemos buscar a vontade de Deus e submeter nossos desejos à sua soberania.

Versículo: "Pai, se queres, afasta de mim este cálice; contudo, não seja feita a minha vontade, mas a tua." (Lucas 22.42)

A PERSISTÊNCIA NA ORAÇÃO

17. O que Jesus ensinou sobre persistência na oração em Lucas 18.1?

Resposta: Por meio da parábola da viúva persistente, Jesus ensinou que devemos orar sempre e nunca desanimar.

Versículo: "Então Jesus contou aos seus discípulos uma parábola, para mostrar-lhes que eles deviam orar sempre e nunca desanimar." (Lucas 18.1)

18. Com que frequência devemos orar, segundo 1Tessalonicenses 5.17?

Resposta: Continuamente. Devemos manter uma vida de oração constante.

Versículo: "Orem continuamente." (1Tessalonicenses 5.17)

19. O que acontece se buscamos a Deus com persistência, conforme Mateus 7.7-8?

Resposta: Recebemos sua resposta, direção e bênçãos.

Versículo: "Peçam, e lhes será dado; busquem, e encontrarão; batam, e a porta lhes será aberta. Pois todo o que pede, recebe; o que busca, encontra; e àquele que bate, a porta será aberta." (Mateus 7.7-8)

20. Como Deus responde aos clamores persistentes dos seus escolhidos, de acordo com Lucas 18.7-8?

Resposta: Deus fará justiça aos seus escolhidos que clamam a ele, dia e noite, com fé.

Versículo: "Acaso Deus não fará justiça aos seus escolhidos, que clamam a ele dia e noite? Continuará fazendo-os esperar? Eu lhes digo:

Ele lhes fará justiça, e depressa. Contudo, quando o Filho do homem vier, encontrará fé na terra?" (Lucas 18.7-8)

A ORAÇÃO NO ESPÍRITO SANTO

21. Quem intercede por nós quando não sabemos como orar, conforme Romanos 8.26?

Resposta: O Espírito Santo intercede por nós com gemidos inexprimíveis.

Versículo: "Da mesma forma o Espírito nos ajuda em nossa fraqueza, pois não sabemos como orar, mas o próprio Espírito intercede por nós com gemidos inexprimíveis." (Romanos 8.26)

22. Como devemos orar em todas as ocasiões, segundo Efésios 6.18?

Resposta: Devemos orar no Espírito, com toda oração e súplica, perseverando em oração pela Igreja.

Versículo: "Orem no Espírito em todas as ocasiões, com toda oração e súplica; tendo isso em mente, estejam atentos e perseverem na oração por todos os santos." (Efésios 6.18)

A ORAÇÃO NA IGREJA

23. O que aprendemos com o texto de Atos 12.5 em relação à oração na igreja local?

Resposta: A igreja deve interceder com fervor pelos irmãos que enfrentam necessidades e tribulações.

Versículo: "Pedro, então, ficou detido na prisão, mas a igreja orava intensamente a Deus por ele." (Atos 12.5)

24. O que acontece quando oramos uns pelos outros, segundo Tiago 5.16?

Resposta: Há cura e restauração quando oramos uns pelos outros.

Versículo: "Portanto, confessem os seus pecados uns aos outros e orem uns pelos outros para serem curados." (Tiago 5.16)

> *Conclusão*: A oração é o meio pelo qual nos relacionamos com Deus, expressamos nossa fé e buscamos sua vontade. Ela é poderosa, traz resultados sobrenaturais e transforma nossa vida. Jesus nos ensinou a orar com simplicidade, fé e persistência. A oração nos conecta ao Espírito Santo, que intercede por nós e nos une à Igreja em intercessão e com gratidão. Devemos orar continuamente, com coração agradecido, sabendo que Deus ouve e responde. Assim, experimentamos comunhão profunda com Deus e sua direção em todas as áreas da vida.

Capítulo 24

As virtudes

Versículo-chave:

"Pois Deus não nos deu espírito de covardia, mas de poder, de amor e de equilíbrio."

2Timóteo 1.7

O FRUTO DO ESPÍRITO

1. Que virtude o texto de 1Coríntios 13.4-5 apresenta? O que significa?

Resposta: O texto apresenta a virtude do amor. O amor significa paciência, bondade, ausência de inveja, orgulho ou rancor; é a busca pelo bem do outro.

Versículo: "O amor é paciente, o amor é bondoso. Não inveja, não se vangloria, não se orgulha. Não maltrata, não procura seus interesses, não se ira facilmente, não guarda rancor." (1Coríntios 13.4-5)

2. Que virtude é destacada em Filipenses 4.4? O que nos ensina?

Resposta: A virtude da alegria. Ela nos ensina a confiar e nos alegrar no Senhor, independentemente das circunstâncias.

Versículo: "Alegrem-se sempre no Senhor. Novamente direi: Alegrem-se!" (Filipenses 4.4)

3. Que virtude Jesus promete em João 14.27? O que significa?

Resposta: A virtude da paz. A paz de Cristo é duradoura e verdadeira; acalma nosso coração e nos livra do medo.

Versículo: "Deixo-lhes a paz; a minha paz lhes dou. Não a dou como o mundo a dá. Não se perturbe o seu coração, nem tenham medo." (João 14.27)

4. Que virtude o texto de Tiago 5.8 enfatiza? Como devemos vivê-la?

Resposta: A paciência. Precisamos fortalecer o nosso coração e esperar no Senhor para enfrentar as situações desta vida até que ele retorne.

Versículo: "Sejam também pacientes e fortaleçam o seu coração, pois a vinda do Senhor está próxima." (Tiago 5.8)

5. Que virtudes são mencionadas em Efésios 4.32? Como devem ser aplicadas?

Resposta: As virtudes da bondade e da compaixão. Quando perdoamos os outros, como Deus nos perdoou em Cristo, praticamos essas virtudes.

Versículo: "Sejam bondosos e compassivos uns para com os outros, perdoando-se mutuamente, assim como Deus os perdoou em Cristo." (Efésios 4.32)

6. Que virtude é destacada em 1Coríntios 4.2? Por que é essencial?

Resposta: A virtude da fidelidade. Ela é essencial porque reflete nosso compromisso com Deus e com os outros, revelando o caráter de Cristo.

Versículo: "O que se requer desses encarregados é que sejam fiéis." (1Coríntios 4.2)

7. Jesus revelou em Mateus 11.29 ser manso. Como é alguém que pratica a mansidão?

Resposta: Quem pratica a virtude da mansidão é calmo, gentil e controlado, mesmo diante das dificuldades.

Versículo: "Tomem sobre vocês o meu jugo e aprendam de mim, pois sou manso e humilde de coração, e vocês encontrarão descanso para as suas almas." (Mateus 11.29)

8. Que virtude é destacada em Provérbios 25.28? O que ela representa?

Resposta: A virtude do domínio próprio. Essa virtude é a capacidade de controlar os próprios pensamentos e ações, agindo de acordo com os princípios de Deus e evitando a autodestruição.

Versículo: "Como a cidade com seus muros derrubados, assim é quem não sabe dominar-se." (Provérbios 25.28)

OUTRAS VIRTUDES CRISTÃS

9. Que virtude Hebreus 11.1 apresenta? E o que significa?

Resposta: A virtude da fé. A fé é a certeza daquilo que esperamos e a prova do que não vemos, é a confiança que temos em Deus e na obra de Jesus Cristo.

Versículo: "Ora, a fé é a certeza daquilo que esperamos e a prova das coisas que não vemos." (Hebreus 11.1)

10. Que virtude é destacada em Romanos 15.13? Como ela opera em nós?

Resposta: A virtude da esperança. Ela opera pelo poder do Espírito Santo, enchendo-nos de alegria e paz enquanto esperamos em Deus.

Versículo: "Que o Deus da esperança os encha de toda alegria e paz, por sua confiança nele, para que vocês transbordem de esperança, pelo poder do Espírito Santo." (Romanos 15.13)

11. Que virtude Jesus destaca em João 14.15? Como deve ser vivida?

Resposta: A virtude da obediência. Ela deve ser vivida como expressão do nosso amor por Deus, ao praticarmos os ensinamentos de Jesus.

Versículo: "Se vocês me amam, obedecerão aos meus mandamentos." (João 14.15)

12. Que virtude Filipenses 2.3 apresenta? Como ela se manifesta?

Resposta: A virtude da humildade. Ela se manifesta quando não nos consideramos superiores a outros e nos despojamos de toda a vaidade.

Versículo: "Nada façam por ambição egoísta ou por vaidade, mas humildemente considerem os outros superiores a si mesmos." (Filipenses 2.3)

13. Que virtude é apresentada em Marcos 10.45? Como devemos aplicá-la?

Resposta: A virtude do serviço. Devemos aplicá-la ao servir ao próximo em suas necessidades e dificuldades.

Versículo: "Pois nem mesmo o Filho do homem veio para ser servido, mas para servir e dar a sua vida em resgate por muitos." (Marcos 10.45)

14. Que virtude é mencionada em 2Coríntios 9.7? Como podemos vivê-la?

Resposta: A virtude da generosidade. Devemos compartilhar de coração os recursos que Deus nos concedeu, sempre com alegria e disposição, sem peso ou obrigação.

Versículo: "Cada um dê conforme determinou em seu coração, não com pesar ou por obrigação, pois Deus ama quem dá com alegria." (2Coríntios 9.7)

15. Que virtude Romanos 5.3-4 menciona? O que ela produz?

Resposta: A virtude da perseverança. Ela produz caráter aprovado e esperança, porque permanecemos firmes na fé mesmo diante das tribulações.

Versículo: "Não só isso, mas também nos gloriamos nas tribulações, porque sabemos que a tribulação produz perseverança; a perseverança, um caráter aprovado; e o caráter aprovado, esperança." (Romanos 5.3-4)

16. Que virtude é destacada em Josué 1.9? O que ela nos garante?

Resposta: A virtude da coragem. A coragem é o resultado da confiança de que Deus está conosco em todos os momentos e lugares.

Versículo: "Não fui eu que lhe ordenei? Seja forte e corajoso! Não se apavore, nem desanime, pois o SENHOR, *o seu Deus, estará com você por onde você andar" (Josué 1.9)*

> *Conclusão*: As virtudes refletem o caráter de Deus e são evidências de uma vida transformada em Cristo. Elas incluem o amor, a alegria, a paz, a paciência, a fé, a humildade, a generosidade e a perseverança, entre outras. Por meio do Espírito Santo, somos capacitados a viver tais virtudes em nossos relacionamentos com Deus e com o próximo, demonstrando o fruto de fé e obediência ao Senhor. Ao vivermos de acordo com essas virtudes, glorificamos a Deus e apontamos para o Evangelho, impactando o mundo ao nosso redor.

Capítulo 25

A família

Versículo-chave:

"Se, porém, não lhes agrada servir ao Senhor, escolham hoje a quem irão servir, se aos deuses que os seus antepassados serviram além do Eufrates, ou aos deuses dos amorreus, em cuja terra vocês estão vivendo. Mas, eu e a minha família serviremos ao Senhor."

Josué 24.15

O PROPÓSITO DA FAMÍLIA

1. Qual foi o propósito de Deus ao criar o homem e a mulher em Gênesis 1.27?

Resposta: Deus criou o homem e a mulher conforme sua imagem e semelhança, sendo a família o reflexo do caráter de Deus na Criação.

Versículo: "Criou Deus o homem à sua imagem, à imagem de Deus o criou; homem e mulher os criou." (Gênesis 1.27)

2. Como o casamento reflete o caráter de Deus, segundo Efésios 5.25?

Resposta: O amor entre marido e mulher reflete o amor sacrificial de Cristo pela Igreja.

Versículo: "Maridos, ame cada um a sua mulher, assim como Cristo amou a igreja e entregou-se por ela." (Efésios 5.25)

3. Qual foi a ordem que Deus deu à humanidade logo após a Criação, segundo Gênesis 1.28a?

Resposta: Deus ordenou à humanidade que fosse fértil e multiplicasse a família humana, espalhando sua imagem pela criação.

Versículo: "Deus os abençoou, e lhes disse: 'Sejam férteis e multipliquem-se! Encham e subjuguem a terra!'" (Gênesis 1.28a)

A ALIANÇA DO CASAMENTO

4. Qual é a base do casamento, segundo Gênesis 2.24?

Resposta: O casamento é uma aliança estabelecida por Deus que une homem e mulher como uma só carne.

Versículo: "Por essa razão, o homem deixará pai e mãe e se unirá à sua mulher, e eles se tornarão uma só carne." (Gênesis 2.24)

5. Qual é o papel de Deus na aliança do casamento, de acordo com Eclesiastes 4.12?

Resposta: Deus fortalece a união conjugal, tornando-a firme e resistente às adversidades, como o terceiro fio da trança de uma corda.

Versículo: "Um homem sozinho pode ser vencido, mas dois conseguem defender-se. Um cordão de três dobras não se rompe com facilidade." (Eclesiastes 4.12)

6. Por que é importante o acordo no casamento, segundo Amós 3.3?

Resposta: Os acordos são fundamentais para o alinhamento das expectativas na relação e para evitar conflitos desnecessários no casamento.

Versículo: "Duas pessoas andarão juntas se não estiverem de acordo?" (Amós 3.3)

7. Como Jesus descreveu o valor do casamento em Mateus 19.6?

Resposta: O casamento é uma aliança estabelecida diante de Deus e não deve ser quebrada pelo homem.

Versículo: "Assim, eles já não são dois, mas sim uma só carne. Portanto, o que Deus uniu, ninguém separe." (Mateus 19.6)

8. Qual é a herança que Deus dá aos casamentos, exemplificada em Salmos 127.3-5?

Resposta: Os filhos são herança de Deus para a família.

Versículo: "Os filhos são herança do SENHOR, uma recompensa que ele dá. Como flechas nas mãos do guerreiro são os filhos nascidos na juventude. Como é feliz o homem que tem a sua aljava cheia deles! Não será humilhado quando enfrentar seus inimigos no tribunal." (Salmos 127.3-5)

OS PAPÉIS DA FAMÍLIA

9. Qual é o papel do marido na família, de acordo com Efésios 5.23?

Resposta: O marido deve liderar a família com amor sacrificial, assim como Cristo lidera e serve à Igreja.

Versículo: "Pois o marido é o cabeça da mulher, como também Cristo é o cabeça da igreja, que é o seu corpo, do qual ele é o Salvador." (Efésios 5.23)

10. Qual é o papel da esposa na família, de acordo com Gênesis 2.18?

Resposta: A esposa é a auxiliadora do marido, criada por Deus para corresponder a ele e cooperar na missão da família.

Versículo: "Então o SENHOR Deus declarou: 'Não é bom que o homem esteja só; farei para ele alguém que o auxilie e lhe corresponda'." (Gênesis 2.18)

11. Qual é a responsabilidade dos pais em relação aos filhos, segundo Deuteronômio 6.6-7?

Resposta: Ensinar a Palavra de Deus com persistência às próximas gerações.

Versículo: "Que todas estas palavras que hoje lhe ordeno estejam em seu coração. Ensine-as com persistência a seus filhos. Converse sobre elas quando estiver sentado em casa, quando estiver andando pelo caminho, quando se deitar e quando se levantar." (Deuteronômio 6.6-7)

12. Qual é o dever dos filhos em relação aos pais, descrito em Efésios 6.1-3?

Resposta: Os filhos devem obedecer e honrar seus pais no Senhor.

Versículo: "Filhos, obedeçam a seus pais no Senhor, pois isso é justo. 'Honra teu pai e tua mãe' – este é o primeiro mandamento com promessa – 'para que tudo te corra bem e tenhas longa vida sobre a terra'." (Efésios 6.1-3)

OS DESAFIOS DA FAMÍLIA

13. Quais são as consequências do adultério, segundo Provérbios 6.32?

Resposta: O adultério destrói o indivíduo e a aliança do casamento.

Versículo: "Mas o homem que comete adultério não tem juízo; todo aquele que assim procede a si mesmo se destrói." (Provérbios 6.32)

14. Qual é a visão de Deus expressa em Malaquias 2.16 sobre o divórcio?

Resposta: Deus odeia o divórcio e deseja que os cônjuges busquem reconciliação.

Versículo: "'Eu odeio o divórcio', diz o SENHOR, o Deus de Israel" (Malaquias 2.16a)

15. Qual é o perigo do amor ao dinheiro na família, descrito em 1Timóteo 6.10?

Resposta: O amor ao dinheiro é a raiz de todos os males e pode desviar da fé os membros da família, trazendo divisão e sofrimento.

Versículo: "Pois o amor ao dinheiro é raiz de todos os males. Algumas pessoas, por cobiçarem o dinheiro, desviaram-se da fé e se atormentaram com muitos sofrimentos." (1Timóteo 6.10)

16. Como o perdão pode transformar o lar, conforme escrito em Colossenses 3.13?

Resposta: Praticar o perdão em família é desafiador, mas essencial para restaurar e manter a unidade familiar.

Versículo: "Suportem-se uns aos outros e perdoem as queixas que tiverem uns contra os outros. Perdoem como o Senhor lhes perdoou." (Colossenses 3.13)

O POSICIONAMENTO DA FAMÍLIA

17. O que aprendemos em Josué 24.15 sobre posicionamento de fé em família?

Resposta: Que o lar deve ser um lugar de fé e serviço ao Senhor de modo determinado.

Versículo: "Se, porém, não lhes agrada servir ao SENHOR, escolham hoje a quem irão servir, se aos deuses que os seus antepassados serviram além do Eufrates, ou aos deuses dos amorreus, em cuja terra vocês estão vivendo. Mas, eu e a minha família serviremos ao SENHOR." (Josué 24.15)

18. Qual deve ser o posicionamento dos pais na formação espiritual dos filhos, segundo Efésios 6.4?

Resposta: Os pais devem criar os filhos na instrução e no conselho do Senhor, sem irritá-los ou provocar ressentimentos, mas dedicando tempo nessa responsabilidade.

Versículo: "Pais, não irritem seus filhos; antes criem-nos segundo a instrução e o conselho do Senhor." (Efésios 6.4)

19. Como a família pode testemunhar o amor de Deus, de acordo com Mateus 5.16?

Resposta: Vivendo de acordo com os princípios de Deus e impactando o mundo ao seu redor por meio de boas obras.

Versículo: "Assim brilhe a luz de vocês diante dos homens, para que vejam as suas boas obras e glorifiquem ao Pai de vocês, que está nos céus." (Mateus 5.16)

20. Como a oração pode fortalecer a família, segundo Mateus 18.19-20?

Resposta: A oração reúne a família e convida a presença de Deus para trazer direção e vigor espiritual.

Versículo: "Também lhes digo que se dois de vocês concordarem na terra em qualquer assunto sobre o qual pedirem, isso lhes será feito por meu Pai que está nos céus. Pois onde se reunirem dois ou três em meu nome, ali eu estou no meio deles." (Mateus 18.19-20)

> *Conclusão*: A família é um presente de Deus, criada para refletir o seu amor e a unidade de Cristo com a Igreja. Estabelecida como uma aliança sagrada, é o lugar em que aprendemos valores, ensinamos a Palavra e vivemos em comunhão. Cada membro tem um papel único, que

contribui para o equilíbrio e a harmonia do lar. Apesar dos desafios, a graça de Deus traz restauração e força. Se fundamentada na oração e na Palavra, a família torna-se um testemunho vivo, um local de adoração e um reflexo do propósito eterno de Deus.

Capítulo 26

O trabalho

Versículo-chave:

> "Tudo o que fizerem, façam de todo o coração, como para o Senhor, e não para os homens."
>
> Colossenses 3.23

O PROPÓSITO DO TRABALHO

1. Segundo Gênesis 2.15, quem instituiu o trabalho e com qual propósito?

Resposta: Deus instituiu o trabalho, colocando o homem no Éden com o propósito de cuidar dele e cultivá-lo.

Versículo: "O Senhor Deus colocou o homem no jardim do Éden para cuidar dele e cultivá-lo." (Gênesis 2.15)

2. Como devemos realizar nosso trabalho, de acordo com Colossenses 3.23?

Resposta: Devemos trabalhar de todo o coração, como se estivéssemos servindo ao Senhor.

Versículo: "Tudo o que fizerem, façam de todo o coração, como para o Senhor, e não para os homens" (Colossenses 3.23)

3. Qual é a promessa de Deus para o trabalho de nossas mãos, conforme Deuteronômio 28.12?

Resposta: Deus promete abençoar o trabalho de nossas mãos, capacitando-nos a prosperar e a sermos generosos.

Versículo: "O SENHOR abrirá o céu, o depósito do seu tesouro, para enviar chuva à sua terra no devido tempo e para abençoar todo o trabalho das suas mãos. Vocês emprestarão a muitas nações, e de nenhuma tomarão emprestado." (Deuteronômio 28.12)

A DIGNIDADE DO TRABALHO

4. De acordo com Provérbios 14.23, o que o trabalho árduo gera?

Resposta: Ao colocarmos dedicação no trabalho, colhemos os benefícios do esforço.

Versículo: "Todo trabalho árduo traz proveito, mas o só falar leva à pobreza." (Provérbios 14.23)

5. O que a Bíblia diz sobre desfrutar dos resultados do trabalho em Eclesiastes 3.13?

Resposta: Diz que colher os benefícios gerados pelo trabalho, por exemplo comer e beber, é um presente de Deus.

Versículo: "Descobri também que poder comer, beber e ser recompensado pelo seu trabalho é um presente de Deus." (Eclesiastes 3.13)

6. Qual é a consequência de não querer trabalhar, descrita em 2Tessalonicenses 3.10?

Resposta: A recusa ao trabalho gera escassez e impede o acesso ao sustento digno.

Versículo: "Quando ainda estávamos com vocês, nós lhes ordenamos isto: Se alguém não quiser trabalhar, também não coma." (2Tessalonicenses 3.10)

A ÉTICA NO TRABALHO

7. Como deve ser nossa conduta no trabalho, segundo Provérbios 11.1?

Resposta: Devemos trabalhar com justiça e honestidade.

Versículo: "O Senhor repudia balanças desonestas, mas os pesos exatos lhe dão prazer." (Provérbios 11.1)

8. O que a Bíblia ensina sobre desonestidade no trabalho em Efésios 4.28?

Resposta: A desonestidade, como o roubo, deve ser abandonada e substituída pelo trabalho útil, cujo propósito é repartir com quem está em necessidade.

Versículo: "O que furtava não furte mais; antes trabalhe, fazendo algo de útil com as mãos, para que tenha o que repartir com quem estiver em necessidade." (Efésios 4.28)

9. Por que é importante ser fiel nas pequenas coisas no trabalho, segundo Lucas 16.10?

Resposta: A fidelidade é um traço de caráter: se somos fiéis nas pequenas coisas, somos fiéis nas grandes.

Versículo: "Quem é fiel no pouco, também é fiel no muito, e quem é desonesto no pouco, também é desonesto no muito." (Lucas 16.10)

10. O que a Bíblia diz sobre responsabilidade no trabalho, conforme Colossenses 3.22?

Resposta: Diz que devemos trabalhar com responsabilidade e sinceridade de coração, mesmo quando não estamos sendo observados.

Versículo: "Escravos, obedeçam em tudo a seus senhores terrenos, não somente para agradá-los quando eles estão observando, mas com sinceridade de coração, pelo fato de vocês temerem o Senhor." (Colossenses 3.22)

O TRABALHO E A EXCELÊNCIA

11. Qual deve ser nossa motivação no trabalho, segundo 1Coríntios 10.31?

Resposta: Devemos fazer tudo para a glória de Deus.

Versículo: "Assim, quer vocês comam, bebam ou façam qualquer outra coisa, façam tudo para a glória de Deus." (1Coríntios 10.31)

12. O que acontece com quem trabalha com excelência, de acordo com Provérbios 22.29?

Resposta: Quem trabalha com excelência será promovido a posições de destaque.

Versículo: "Você já observou um homem habilidoso em seu trabalho? Será promovido ao serviço real; não trabalhará para gente obscura." (Provérbios 22.29)

O TRABALHO E O DESCANSO

13. Qual é o exemplo de Deus em relação ao descanso, em Gênesis 2.2?

Resposta: Deus descansou no sétimo dia após completar a obra da Criação.

Versículo: "No sétimo dia Deus já havia concluído a obra que realizara, e nesse dia descansou." (Gênesis 2.2)

14. O que a Bíblia ensina sobre equilibrar trabalho e descanso em Eclesiastes 10.10?

Resposta: Como um machado que precisa ser afiado depois do uso intenso, assim também, após um período de trabalho, o ser humano precisa descansar para voltar a produzir.

Versículo: "Se o machado está cego e sua lâmina não foi afiada, é preciso golpear com mais força; agir com sabedoria assegura o sucesso." (Eclesiastes 10.10)

A RECOMPENSA DO TRABALHO

15. O que um trabalhador recebe pelo seu trabalho, conforme Provérbios 12.14?

Resposta: O trabalhador que usa suas mãos de forma diligente será recompensado.

Versículo: "Do fruto de sua boca o homem se beneficia, e o trabalho de suas mãos será recompensado." (Provérbios 12.14)

16. Como Deus recompensa o trabalho dedicado a ele, de acordo com 1Coríntios 15.58?

Resposta: O trabalho dedicado ao Senhor nunca será em vão, pois tem propósito eterno.

Versículo: "Portanto, meus amados irmãos, mantenham-se firmes, e que nada os abale. Sejam sempre dedicados à obra do Senhor, pois vocês sabem que, no Senhor, o trabalho de vocês não será inútil." (1Coríntios 15.58)

17. De quem vem a verdadeira recompensa pelo trabalho, segundo Colossenses 3.24?

Resposta: A verdadeira recompensa vem do Senhor.

Versículo: "Sabendo que receberão do Senhor a recompensa da herança. É a Cristo, o Senhor, que vocês estão servindo." (Colossenses 3.24)

A BÊNÇÃO DO TRABALHO

18. Qual é o resultado do trabalho na família, conforme Salmos 128.1-2?

Resposta: Quem teme ao Senhor e trabalha com dedicação colhe alegria e prosperidade em sua família.

Versículo: "Como é feliz quem teme o SENHOR, quem anda em seus caminhos! Você comerá do fruto do seu trabalho, e será feliz e próspero." (Salmos 128.1-2)

19. O que Jesus ensina sobre ajudar os outros em Atos 20.35?

Resposta: Devemos trabalhar com dedicação para ajudar os fracos e necessitados, pois há mais felicidade em dar do que em receber.

Versículo: "Em tudo o que fiz, mostrei-lhes que mediante trabalho árduo devemos ajudar os fracos, lembrando as palavras do próprio Senhor Jesus, que disse: 'Há maior felicidade em dar do que em receber'." (Atos 20.35)

> *Conclusão*: O trabalho foi ordenado por Deus para refletir sua glória e sustentar nossa vida. Ele tem dignidade e propósito, é uma bênção para nós e para o próximo. Devemos trabalhar com ética, dedicação e excelência

para oferecer o melhor ao Senhor. Contudo, o equilíbrio com o descanso é essencial, como ensinado pelo próprio Deus. No trabalho, encontramos uma oportunidade de glorificar a Deus, edificar nossa família e abençoar a sociedade. Nossa recompensa verdadeira vem do Senhor, que abençoa e dá sentido ao esforço diário.

Capítulo 27

A sabedoria

Versículo-chave:

"Portanto, quem ouve estas minhas palavras e as pratica é como um homem prudente que construiu a sua casa sobre a rocha."

Mateus 7.24

A NATUREZA DA SABEDORIA

1. Quem é a fonte de toda sabedoria, segundo Provérbios 2.6?

Resposta: O Senhor é a fonte de toda sabedoria, pois de sua boca procedem conhecimento e discernimento.

Versículo: "Pois o SENHOR *é quem dá sabedoria; de sua boca procedem o conhecimento e o discernimento." (Provérbios 2.6)*

2. Como obter a sabedoria de Deus, de acordo com Tiago 1.5?

Resposta: Devemos pedir sabedoria a Deus com fé, e ele nos concederá generosamente.

Versículo: "Se algum de vocês tem falta de sabedoria, peça-a a Deus, que a todos dá livremente, de boa vontade; e lhe será concedida." (Tiago 1.5)

3. Qual é o princípio da sabedoria descrito em Provérbios 9.10?

Resposta: O temor do Senhor é o princípio da sabedoria, e o conhecimento do Santo é entendimento.

Versículo: "O temor do SENHOR é o princípio da sabedoria, e o conheecimento do Santo é entendimento." (Provérbios 9.10)

4. Como a sabedoria celestial é descrita em Tiago 3.17?

Resposta: A sabedoria que vem de Deus é pura, pacífica, amável, compreensiva, cheia de misericórdia e de bons frutos, é imparcial e sincera.

Versículo: "Mas a sabedoria que vem do alto é antes de tudo pura; depois, pacífica, amável, compreensiva, cheia de misericórdia e de bons frutos, imparcial e sincera." (Tiago 3.17)

A SABEDORIA E A INSENSATEZ

5. Como o sábio e o insensato lidam com a correção, conforme Provérbios 12.1?

Resposta: O sábio valoriza a correção, mas o insensato rejeita a repreensão.

Versículo: "Todo o que ama a disciplina ama o conhecimento, mas aquele que odeia a repreensão é tolo." (Provérbios 12.1)

6. Qual é o destino do insensato, segundo Eclesiastes 10.12?

Resposta: As palavras do insensato são destrutivas, e o seu destino será a ruína.

Versículo: "As palavras do sábio lhe trazem benefícios, mas os lábios do insensato o destroem." (Eclesiastes 10.12)

7. Qual é a diferença entre o caminho do sábio e o do insensato, de acordo com Provérbios 14.8?

Resposta: O sábio é prudente e avalia seus caminhos, mas o insensato é enganado por sua própria tolice.

Versículo: "A sabedoria do homem prudente é discernir o seu caminho, mas a insensatez dos tolos é enganosa." (Provérbios 14.8)

A SABEDORIA NA PRÁTICA

8. Como demonstramos sabedoria na prática, conforme Mateus 7.24?

Resposta: Agimos com sabedoria quando ouvimos e praticamos as palavras de Jesus.

Versículo: "Portanto, quem ouve estas minhas palavras e as pratica é como um homem prudente que construiu a sua casa sobre a rocha." (Mateus 7.24)

9. O que acontece se seguimos conselhos sábios, segundo Provérbios 15.22?

Resposta: Quando buscamos e seguimos conselhos sábios, nossos planos têm maiores chances de sucesso.

Versículo: "Os planos fracassam por falta de conselho, mas são bem-sucedidos quando há muitos conselheiros." (Provérbios 15.22)

A INSENSATEZ NA PRÁTICA

10. Quais são as atitudes do insensato, de acordo com Provérbios 18.2?

Resposta: O insensato não busca obter entendimento porque acredita que já tem todo o conhecimento em seus próprios pensamentos.

Versículo: "O tolo não tem prazer no entendimento, mas sim em expor os seus pensamentos." (Provérbios 18.2)

11. Como a insensatez afeta nossas decisões, segundo Provérbios 19.3?

Resposta: A insensatez leva ao fracasso, e ainda assim o insensato culpa a Deus pelos seus problemas.

Versículo: "É a insensatez do homem que arruína a sua vida, mas o seu coração se ira contra o SENHOR." (Provérbios 19.3)

12. Qual é o resultado das palavras do insensato, conforme Provérbios 10.14?

Resposta: As palavras do insensato trazem destruição.

Versículo: "Os sábios acumulam conhecimento, mas a boca do insensato é um convite à ruína." (Provérbios 10.14)

O RESULTADO DA SABEDORIA

13. Qual é a recompensa de viver com sabedoria, segundo Provérbios 3.21-22?

Resposta: A sabedoria traz vida e é visível aos que convivem conosco.

Versículo: "Meu filho, guarde consigo a sensatez e o equilíbrio, nunca os perca de vista; trarão vida a você e serão um enfeite para o seu pescoço." (Provérbios 3.21-22)

14. Como a sabedoria beneficia nossos caminhos, de acordo com Provérbios 3.5-6?

Resposta: A sabedoria nos ajuda a confiar no Senhor, que dirige nossos passos em caminhos retos.

Versículo: "Confie no SENHOR de todo o seu coração e não se apoie em seu próprio entendimento; reconheça o SENHOR em todos os seus caminhos, e ele endireitará as suas veredas." (Provérbios 3.5-6)

15. Como a sabedoria impacta nossa relação com Deus, conforme Colossenses 1.9-10?

Resposta: A sabedoria nos capacita a viver de maneira digna do Senhor, agradando-o em tudo.

Versículo: "Por essa razão, desde o dia em que o ouvimos, não deixamos de orar por vocês e de pedir que sejam cheios do pleno conhecimento da vontade de Deus, com toda a sabedoria e entendimento espiritual. E isso para que vocês vivam de maneira digna do Senhor e em tudo possam agradá-lo, frutificando em toda boa obra, crescendo no conhecimento de Deus" (Colossenses 1.9-10)

16. Qual é o resultado de buscarmos a sabedoria no Senhor, conforme Provérbios 8.18?

Resposta: A sabedoria traz riquezas, honra, prosperidade e justiça.

Versículo: "Comigo estão riquezas e honra, prosperidade e justiça duradouras." (Provérbios 8.18)

17. O que acontece com quem rejeita a sabedoria, segundo Provérbios 1.32?

Resposta: A rejeição da sabedoria leva a uma falsa segurança e à destruição.

Versículo: "Pois a inconstância dos inexperientes os matará, e a falsa segurança dos tolos os destruirá." (Provérbios 1.32)

> *Conclusão*: A sabedoria é um tesouro oferecido por Deus, acessível a todos que a buscam com fé e humildade. Ela ilumina nossos caminhos, guia nossas decisões e nos livra da destruição que acompanha a insensatez. Contrastar a sabedoria com a insensatez revela que a verdadeira vida e prosperidade estão em viver de acordo com os princípios de Deus. Portanto, que escolhamos buscar e praticar a sabedoria divina em todas as áreas de nossa vida, e assim glorificar ao Senhor em tudo que fazemos.

Capítulo 28

Os últimos dias

Versículo-chave:

"Então se verá o Filho do homem vindo nas nuvens com grande poder e glória. E ele enviará os seus anjos e reunirá os seus eleitos dos quatro ventos, dos confins da terra até os confins do céu."

Marcos 13.26-27

A SEGUNDA VINDA DE CRISTO

1. O que Jesus prometeu sobre o seu retorno, em João 14.3?

Resposta: Jesus prometeu que iria preparar um lugar e voltaria para levar os discípulos para estarem com ele.

Versículo: "E se eu for e lhes preparar lugar, voltarei e os levarei para mim, para que vocês estejam onde eu estiver." (João 14.3)

2. Como será o retorno de Cristo, de acordo com Atos 1.11b?

Resposta: Jesus voltará de modo visível da mesma forma como foi elevado aos Céus.

Versículo: "Este mesmo Jesus, que dentre vocês foi elevado ao céu, voltará da mesma forma como o viram subir." (Atos 1.11b)

3. Quando acontecerá o retorno de Jesus, segundo Marcos 13.32?

Resposta: Ninguém sabe exatamente o dia e a hora do retorno de Jesus, somente Deus Pai o sabe.

Versículo: "Quanto ao dia e à hora ninguém sabe, nem os anjos no céu, nem o Filho, senão somente o Pai." (Marcos 13.32)

O ARREBATAMENTO

4. O que acontecerá no arrebatamento, conforme 1Tessalonicenses 4.16-17?

Resposta: Os mortos em Cristo ressuscitarão primeiro, e os discípulos vivos serão levados repentinamente para encontrar o Senhor nos ares.

Versículo: "Pois, dada a ordem, com a voz do arcanjo e o ressoar da trombeta de Deus, o próprio Senhor descerá dos céus, e os mortos em Cristo ressuscitarão primeiro. Depois nós, os que estivermos vivos, seremos arrebatados com eles nas nuvens, para o encontro com o Senhor nos ares. E assim estaremos com o Senhor para sempre." (1Tessalonicenses 4.16-17)

5. Como será a transformação dos que creem no arrebatamento, conforme descrito em 1Coríntios 15.52?

Resposta: Ao som da última trombeta, num instante, os discípulos que estiverem vivos serão transformados e glorificados, com corpos incorruptíveis.

Versículo: "Eis que eu lhes digo um mistério: Nem todos dormiremos, mas todos seremos transformados, num momento, num abrir e fechar de olhos, ao som da última trombeta. Pois a trombeta soará, os mortos ressuscitarão incorruptíveis e nós seremos transformados." (1Coríntios 15.51-52)

> *Nota*: O arrebatamento é o momento em que os que creem serão retirados da Terra para encontrar o Senhor nos ares. Quanto ao tempo em que acontecerá, os teólogos avaliam três possibilidades como viáveis. A primeira sugere que ocorrerá antes da grande tribulação e poupará os que creem desse período de sofrimento. A segunda propõe que será no meio da tribulação, marcando um ponto intermediário. A terceira defende que será o fim da tribulação, coincidindo com a volta de Cristo em glória. A Bíblia, porém, enfatiza a importância de estarmos preparados.

A GRANDE TRIBULAÇÃO

6. Como Jesus descreveu a grande tribulação em Mateus 24.21?

Resposta: Jesus disse que será um período de tribulação sem precedentes na história do mundo.

Versículo: "Porque haverá então grande tribulação, como nunca houve desde o princípio do mundo até agora, nem jamais haverá." (Mateus 24.21)

7. Quem são os redimidos da grande tribulação que aparecem em Apocalipse 7.14b?

Resposta: São aqueles que lavaram suas vestes no sangue do Cordeiro durante a grande tribulação.

Versículo: "E ele disse: 'Estes são os que vieram da grande tribulação e lavaram as suas vestes e as alvejaram no sangue do Cordeiro'." (Apocalipse 7.14b)

O ANTICRISTO E O GOVERNO MUNDIAL

8. Quem é o anticristo, segundo 2Tessalonicenses 2.3-4?

Resposta: O anticristo é o homem do pecado, o filho da perdição. Ele se exaltará como Deus e se oporá a tudo o que é santo.

Versículo: "Não deixem que ninguém os engane de modo algum. Antes daquele dia virá a apostasia e, então, será revelado o homem do pecado, o filho da perdição. Este se opõe e se exalta acima de tudo o que se chama Deus ou é objeto de adoração, chegando até a assentar-se no santuário de Deus, proclamando que ele mesmo é Deus." (2Tessalonicenses 2.3-4)

9. O que será dado ao anticristo durante o período de apostasia, conforme Apocalipse 13.7-8?

Resposta: Será dada autoridade sobre toda tribo, povo e nação, e ele será adorado por todos aqueles que não pertencem a Jesus.

Versículo: "Foi-lhe dado poder para guerrear contra os santos e vencê-los. Foi-lhe dada autoridade sobre toda tribo, povo, língua e nação. Todos os habitantes da terra adorarão a besta, a saber, todos aqueles que não tiveram seus nomes escritos no livro da vida do Cordeiro que foi morto desde a criação do mundo." (Apocalipse 13.7-8)

OS JUÍZOS DE DEUS

10. Quais são os juízos descritos em Apocalipse 8.1-2?

Resposta: Os juízos são representados pelos sete selos, pelas sete trombetas e pelas sete taças e culminam na plena justiça revelada no julgamento do trono branco.

Versículo: "Quando ele abriu o sétimo selo, houve silêncio nos céus cerca de meia hora. Vi os sete anjos que se acham em pé diante de Deus; a eles foram dadas sete trombetas." (Apocalipse 8.1-2)

O RETORNO GLORIOSO DE JESUS

11. Como será o retorno de Jesus, descrito em Apocalipse 1.7?

Resposta: Ele virá com as nuvens, e todo olho verá o seu retorno glorioso.

Versículo: "Eis que ele vem com as nuvens, e todo olho o verá, até mesmo aqueles que o traspassaram; e todos os povos da terra se lamentarão por causa dele. Assim será! Amém." (Apocalipse 1.7)

O REINO MILENAR DE CRISTO

12. O que acontecerá durante o reino milenar, descrito em Apocalipse 20.4?

Resposta: Os santos ressuscitarão e reinarão com Cristo por mil anos.

Versículo: "Vi tronos em que se assentaram aqueles a quem havia sido dada autoridade para julgar. Vi as almas dos que foram decapitados por causa do testemunho de Jesus e da palavra de Deus. Eles não tinham adorado a besta nem a sua imagem, e não tinham recebido a sua marca na testa nem nas mãos. Eles ressuscitaram e reinaram com Cristo durante mil anos." (Apocalipse 20.4)

O JUÍZO DO GRANDE TRONO BRANCO

13. O que acontecerá no juízo final, descrito em Apocalipse 20.11-12 e 15?

Resposta: Todos os mortos serão ressuscitados e julgados segundo suas obras que estão registradas em livros. Os que não tiverem seus nomes no livro da vida serão lançados no lago de fogo.

Versículo: "Depois vi um grande trono branco e aquele que nele estava assentado. A terra e o céu fugiram da sua presença, e não se encontrou lugar para eles. Vi também os mortos, grandes e pequenos, em pé diante do trono, e livros foram abertos. Outro livro foi aberto, o livro da vida. Os mortos foram julgados de acordo com o que tinham feito, segundo o que estava registrado nos livros. [...] Aqueles cujos nomes não foram encontrados no livro da vida foram lançados no lago de fogo." (Apocalipse 20.11-12 e 15)

A NOVA CRIAÇÃO

14. O que será criado após o fim dos tempos, segundo Apocalipse 21.1?

Resposta: Deus criará novos céus e uma nova terra.

Versículo: "Então vi novos céus e nova terra, pois o primeiro céu e a primeira terra tinham passado; e o mar já não existia." (Apocalipse 21.1)

O DESTINO ETERNO

15. Qual é o destino dos discípulos, de acordo com 1Coríntios 15.42-44?

Resposta: Os discípulos ressuscitarão com corpos glorificados e imperecíveis, para viverem eternamente com Deus.

Versículo: "Assim será com a ressurreição dos mortos. O corpo que é semeado é perecível e ressuscita imperecível; é semeado em desonra e ressuscita em glória; é semeado em fraqueza e ressuscita em poder; é semeado um corpo natural e ressuscita um corpo espiritual. Se há corpo natural, há também corpo espiritual." (1Coríntios 15.42-44)

16. Qual é o destino dos ímpios, conforme Apocalipse 20.15?

Resposta: Quem não tiver o nome no livro da vida, ou seja, quem nunca creu e seguiu Jesus, será lançado no lago de fogo.

Versículo: "Aqueles cujos nomes não foram encontrados no livro da vida foram lançados no lago de fogo." (Apocalipse 20.15)

POSIÇÃO DE FÉ

17. Como devemos aguardar o retorno de Jesus, conforme Mateus 24.42-44?

Resposta: Devemos aguardar o retorno de Jesus com fé e constante vigilância, pois ele virá quando menos esperarmos.

Versículo: "Portanto, vigiem, porque vocês não sabem em que dia virá o seu Senhor. Mas entendam isto: se o dono da casa soubesse a que hora da noite o ladrão viria, ele ficaria de guarda e não deixaria que a sua casa fosse arrombada. Assim, vocês também precisam estar preparados, porque o Filho do homem virá numa hora em que vocês menos esperam." (Mateus 24.42-44)

> *Conclusão*: Os últimos dias revelam o cumprimento do plano soberano de Deus sobre o retorno de Cristo, e passam pelo arrebatamento e pela criação de novos céus e nova terra. Durante esse tempo, o justo juízo de Deus será manifestado, trará restauração para os que creram e condenação para os ímpios. Essa escatologia nos chama à vigilância e esperança, pois Cristo reinará para sempre e ele nos convida a viver com propósito e santidade e aguardar com expectativa sua gloriosa vinda.

Referências Bibliográficas

BAUCHAM JR., Voddie. **Família guiada pela fé**. Trad. Josaías Ribeiro Jr. Brasília: Monergismo, 2017.

CHAN, Francis. **O Deus esquecido**. Trad. Omar de Souza. São Paulo: Mundo Cristão, 2010.

______; YANKOSKI, Danae. **Louco amor**. Trad. Omar de Souza. São Paulo: Mundo Cristão, 2011.

COLEMAN, Robert. **Plano mestre de evangelismo**. Trad. Omar de Souza. 2. ed. São Paulo: Mundo Cristão, 2006.

DRESCHER, John. **Sete necessidades básicas da criança**. Trad. Neyd Siqueira. 3. ed. São Paulo: Mundo Cristão, 2013.

FITZPATRICK, Elyse; THOMPSON, Jessica. **Pais fracos, Deus forte**. Trad. Ingrid Rosane de Andrade. São José dos Campos: Fiel, 2018.

GRUDEM, Wayne. **Teologia istemática**. Trad. Miguel Messias et al. 2. ed. São Paulo: Vida Nova, 2022.

HANSEN, Collin (Org.). **Catecismo nova cidade**. Trad. Elizabeth Gomes. São José dos Campos: Fiel, 2017.

HELM, David. **One to One Bible Reading**. Youngstown: Matthias Media, 2010.

HENDRICKS, Howard & William. **Como ferro afia o ferro**. Trad. Waldemar Kroker. São Paulo: Shedd Publicações, 2006.

______. **Vivendo na Palavra**. Trad. Talita Rose Baulé. São Paulo: Batista Regular, 2010.

LACOCK, Melvin. **Ganho um por um**. Trad. [s.n.]. São Paulo: Batista Regular, 2012.

MERKH, David & Carol Sue. **Construindo um lar cristão**. 2. ed. São Paulo: United Press, 2013.

PEARLMAN, Myers. **Conhecendo as doutrinas da Bíblia**. Trad. Lawrence Olson. São Paulo: Vida, 2006.

PUTMAN, Jim. **Real-Life Discipleship**. Colorado Springs: NavPress, 2010.

RYLE, J. C. **Os deveres dos pais**. Trad. Rodrigo Silva. Foz do Iguaçu: Letras, 2012.

SUBIRÁ, Luciano. **O propósito da família**. São Paulo: Vida, 2022.

TRIPP, Paul. **Instrumentos nas mãos do Redentor**. Trad. Eloisa Pasquini. São Bernardo do Campo: Nutra Publicações, 2010.

TRIPP, Paul. **Desafio aos pais**. Trad. Cláudia Vassão Ruggiero. São Paulo: Cultura Cristã, 2018.

TRIPP, Tedd. **Pastoreando o coração da criança**. Trad. Ângela Guerrato. São José dos Campos: Fiel, 2017.

______ & Margy. **Instruindo o coração da criança**. Trad. Waléria Coicev. São José dos Campos: Fiel, 2015.

Esta obra foi composta em *Richmond*
e impressa por Gráfica Santa Marta sobre papel
Offset 90 g/m² para Editora Vida.